ESPAGNOL

ISABELLE DELHOMMEAU • BTS TERTIAIRE • LV2

Groupe spécialisé dans l'enseignement et l'édition.

179 avenue de Muret
31300 Toulouse

Achevé d'imprimer en France par 1001Copies - Août 2021

SOMMAIRE

1

CONSIDÉRATIONS GÉNÉRALES

Le niveau en langue attendu en LV2 correspond au niveau B1 du CECRL.
Il doit être atteint en fin de cycle de BTS.

Compétences attendues :

Comprendre

- les points essentiels quand un langage clair et standard est utilisé et s'il s'agit de sujets familiers concernant le travail, l'école, les loisirs, etc.
- l'essentiel de nombreuses émissions de radio ou de télévision sur l'actualité ou sur des sujets d'intérêt personnel ou professionnel abordés en parlant d'une façon relativement lente et distincte
- des textes rédigés essentiellement dans une langue courante ou relative au travail
- la description d'événements, l'expression de sentiments et de souhaits dans des lettres personnelles

Parler

- faire face à la majorité des situations que l'on peut rencontrer au cours d'un voyage dans un pays où la langue est parlée
- prendre part sans préparation à une conversation sur des sujets familiers ou d'intérêt personnel qui concernent la vie quotidienne (famille, loisirs, travail, voyage et actualité)
- articuler des expressions de manière simple afin de raconter des expériences et des événements, rêves, espoirs ou buts. Brièvement donner les raisons et explications de ses opinions ou projets
- raconter une histoire ou l'intrigue d'un livre ou d'un film et exprimer ses réactions

Ecrire

- écrire un texte simple et cohérent sur des sujets familiers ou d'intérêt personnel ; des lettres personnelles pour décrire expériences et impressions.

CHAPITRE 1
DÉFINITION DE L'ÉPREUVE

Cet ouvrage est dédié aux étudiants préparant un BTS Notariat. L'épreuve de langue LV2 est facultative, donc seuls les points au-dessus de la moyenne comptent.

Vous y trouverez des supports méthodologiques, des annales pour vous entraîner avec des corrigés, des documents en lien avec les notions ou thèmes à connaître en BTS Notariat, des points grammaticaux, du vocabulaire, etc. Cet ouvrage complet et conforme au CECRL (cadre européen commun de référence pour les langues) est un bon outil pour vous permettre de progresser et d'arriver à l'examen avec les notions clefs sans faire d'impasse.

Bonne lecture et surtout bon apprentissage !

OBJECTIFS

L'objectif visé est de certifier l'aptitude du candidat à :

- la compréhension de la langue vivante étrangère écrite. Il s'agit de vérifier la capacité du candidat à exploiter des textes et/ou des documents de nature diverse en langue étrangère choisie, à caractère professionnel, en évitant toute spécialisation ou difficultés techniques excessives ;
- la compréhension de la langue vivante étrangère orale. Il n'est pas exclu que l'un des documents soit un enregistrement proposé à l'écoute collective ;
- l'expression orale dans la langue vivante étrangère choisie. Il s'agit de vérifier la capacité du candidat à participer utilement à un dialogue dans la langue vivante étrangère choisie conduit dans une perspective professionnelle.

MODE D'ÉVALUATION

Oral de 20 min (avec 20 min de préparation).

L'entretien prend appui sur des documents professionnels et permet d'apprécier l'aptitude du candidat :

- à dialoguer dans une perspective professionnelle ;
- à exploiter des sources d'information professionnelle dans la langue considérée ;
- à analyser une situation compte tenu du contexte linguistique et socioculturel du pays considéré.

2

SUPPORT MÉTHODOLOGIQUE POUR L'ÉPREUVE ORALE

CHAPITRE 1
L'ÉPREUVE ORALE

Concernant cette épreuve, il est nécessaire de fonctionner par thème et donc de faire des fiches avec du vocabulaire. En BTS Notariat, voici les thématiques qui peuvent tomber à l'oral :

- le domaine de l'entreprise ;
- les relations au travail ;
- le télétravail ;
- l'environnement ;
- les nouvelles technologies ;
- les réseaux sociaux ;
- la consommation ;
- la crise ;
- le commerce / le marketing ;
- les jeunes et la société ;
- la place de la femme dans le monde du travail ;
- le domaine du notariat ;
- etc.

Ces thèmes seront abordés de façon plus ou moins approfondie dans cet ouvrage. Vous aurez donc bien compris qu'il n'est absolument pas obligatoire que vous tombiez sur un document en relation avec le domaine du notariat. Cela est d'ailleurs rare, mais reste possible.

Je vous rappelle que vous serez soit interrogés sur un texte inconnu soit sur un document audio ou vidéo inconnu. Certaines académies utilisent plus ou moins l'un ou l'autre, et le temps de préparation est le même, à savoir 20 minutes. Attention c'est très court ! Il ne faut donc pas tout rédiger sur votre brouillon, ce n'est pas le but de cette épreuve. Allez à l'essentiel, écrivez les idées principales (celles que vous ne devez pas oublier) pour ensuite les étayer à l'oral. Surtout n'écrivez pas votre introduction (titre, auteur, etc.), ce serait une grosse perte de temps.

COMMENT PROCÉDER ?

Une fois les 20 minutes de préparation écoulées, vous devez être à-même de rendre compte du document (texte ou vidéo / audio). Il convient de suivre quelques directives.

- Il faut faire une introduction dans laquelle vous mettrez en évidence le titre, la source, la date, l'auteur, et surtout la thématique ! Une fois que vous en aurez parlé, vous annoncerez le plan qui découle de la problématique de votre document et il faudra bien évidemment y rester fidèle. En règle générale 2 à 3 parties suffisent.
- Ensuite vous devrez relever les idées les plus importantes du document (texte ou vidéo) en les expliquant avec vos propres mots. Faire un copier-coller du texte n'est pas ce qui est demandé...

- Enfin il faudra évidemment conclure. Cette partie est particulièrement importante car c'est la dernière chose que l'examinateur entendra de votre part avant de passer aux questions. Pour la conclusion vous pouvez donner votre opinion sur le thème abordé. Les examinateurs apprécient aussi lorsque le candidat termine par une ouverture en lien avec l'idée principale du document, ou bien en mettant le document en relation avec ses stages de première et deuxième année.

Concernant le déroulé de l'épreuve, celle-ci consiste à parler en continu (10 minutes en théorie, mais sachez que si vous tenez déjà 6 ou 7 minutes ce sera très bien). Une fois terminé, l'examinateur vous posera diverses questions en relation au texte et/ou à votre argumentation, et très souvent vous serez interrogé(e) sur votre expérience professionnelle (stages et/ou alternance), ou sur vos projets futurs. Cette partie doit se préparer en amont.

Voici un exemple d'introduction.

Este documento que voy a comentarle titulado... fue escrito por...(autor)...en...(date) y sacado del periódico…

En cuanto al tema, se trata de...

Vamos a ver en una primera parte... Y por fin en una segunda parte vamos a estudiar...

LEXIQUE

Quelques mots de vocabulaire et expressions à savoir absolument

Un periódico : un journal

Un periodista : un journaliste

Una periodista : une journaliste

El autor : l'auteur

Un artículo de prensa : un article de presse

Un vídeo : une vidéo (attention nom masculin en espagnol)

Una entrevista : une entrevue

Un párrafo : un paragraphe

Un texto polémico, informativo

El tema : le thème

El primer párrafo : le premier paragraphe

El problema planteado aquí concierne : le problème posé ici concerne

Este documento incita a reflexionar sobre... : le document incite à réfléchir sur...

El interés del documento estriba en… : l'intérêt du document repose sur...

Este artículo trata de… : cet article traite de …

Se trata de… : il s'agit de…

Voici quelques phrases ou mots qui vont vous aider à vous exprimer à l'oral.

Mots de liaison

Al principio : au début
Primero : premièrement /d'abord
Antes que nada : avant tout
A primera vista : à première vue
De entrada : d'emblée
Lo que llama la atención : ce qui attire l'attention
Luego : ensuite
Después : après, ensuite
Por un lado : d'un côté
Por otro lado : d'un autre côté
A continuación : ensuite
Además : de plus
Sin embargo : cependant
No obstante : néanmoins
Pero : mais
A pesar de / pese a : malgré/en dépit de
Al contrario : au contraire
Respecto a / con respecto a : en ce qui concerne/ par rapport à
En cuanto a : quant à
No sólo... sino también : non seulement...mais aussi
Mientras que : tandis que
Ya que / puesto que / dado que : puisque
Por consiguiente : par conséquent
También : aussi

Quelques expressions utiles

Bien se ve que : on voit bien que
Bien se nota que : on remarque bien que
Resulta evidente que/ es obvio que : il semble évident que
En otros términos : en d'autres termes
Es decir/o sea : c'est-à-dire
Es de notar que : il faut remarquer que
Conviene subrayar que : il convient de souligner que
Poner en evidencia, de realce : mettre en évidence, en relief

No hay que olvidar tampoco : il ne faut pas oublier non plus
En resumidas cuentas : en fin de compte
Para concluir : pour conclure
Por último : enfin
A fin de cuentas : en fin de compte
A modo de conclusión : en guise de conclusion
A mi parecer : à mon avis
Estoy de acuerdo / estoy conforme con : je suis d'accord avec
Desde mi punto de vista : d'après mon point de vue

Surtout n'oubliez pas, ne parlez pas en français ! Voici quelques expressions à retenir absolument pour y pallier.

¿Por favor, podría usted repetir ? : s'il-vous-plaît, pourriez-vous répéter ?
Lo siento, me equivoqué : je suis désolé(e), je me suis trompé(e)
Por favor, ¿cómo se dice la palabra…? : S'il-vous-plaît, comment dit-on le mot ... ?
No entiendo la palabra : je ne comprends pas le mot
¿Puede usted hablar más despacio ? : pouvez-vous parler plus doucement ?
¡Vale ! : d'accord !
Bueno... : euh...

3

LES DIFFÉRENTES THÉMATIQUES DU BTS

CHAPITRE 1

PRÁCTICAS Y PRIMER EMPLEO

La iniciativa #EstudiantesConTalento ofrece una oportunidad laboral a jóvenes universitarios que estén avanzados en su carrera.

El programa #EstudiantesConTalento ofrece prácticas profesionales en destacadas empresas.

Fuente : estudiantes con talentos 08/01/2015

DOCUMENTO N° 1

Source : www.elEconomista.es, 09/04/2015

Consejos para conseguir hacer prácticas[1] en una empresa

Uno de los problemas que tienen los jóvenes cuando se incorporan al mercado laboral es que las empresas les exigen experiencia, incluso antes de dar oportunidades. Para mitigar este obstáculo están las prácticas profesionales, una vía que en el pasado era denostada porque rara vez ofrecía remuneración, pero que ahora se han convertido en un factor clave de inserción laboral.

Las prácticas pueden suponer una primera toma de contacto con el mercado laboral, al servir para generar la primera experiencia y adquirir competencias necesarias que no se logran durante la formación, según explica el portal de empleo Infojobs.

Una vez superada la Semana Santa, toca ponerse a buscar la empresa más adecuada para lograr las prácticas.

Hay que analizar las mejores opciones disponibles y las empresas que mejor se adaptan a nuestros intereses personales y profesionales. Al igual que se hace en la búsqueda de empleo, para buscar prácticas hay que llamar a todas las puertas posibles. Hay que recurrir a todos los contactos posibles para encontrar empresas que estén buscando personal. Incluso los profesores pueden ser un buen recurso, pues suelen tener información valiosa sobre las compañías.

Si hay alguna empresa en la que se desee trabajar también se puede intentar[2] ponerse en contacto con ella y ofrecerles uno mismo unas prácticas en el departamento correspondiente.

El lado negativo de las prácticas es que no suelen estar remuneradas, o tienen sueldos muy bajos. Pese a todo, hay que demostrar durante el periodo de prácticas las habilidades que se poseen, para que, en el caso de que busquen personal, le tengan en cuenta. Por eso, hay que evitar obsesionarse con el salario y valorar las posibilidades de crecimiento que ofrecen las compañías.

Por otro lado, las prácticas son una buena oportunidad para conocer disciplinas distintas a las estudiadas. Desde la empresa pueden ofrecer funciones que no tienen por qué ser exactamente para las que se ha recibido la formación, pero es recomendable mostrar interés, que junto con las ganas de aprender y la disposición ayudan a abrir puertas.

[1] ***Las prácticas*** : le stage
[2] ***Intentar :*** essayer

1 VOCABULARIO

Traduisez les mots suivants.

el mercado laboral | la búsqueda | un sueldo
las prácticas | el departamento | pese a todo
al igual que

2 Comprensión

Verdadero o falso (justifique)

a. Las prácticas profesionales han sido siempre bien consideradas.
b. Todo lo que se hace durante las prácticas, se hace en la formación.
c. La búsqueda de prácticas debe hacerse por si mismo.
d. La experiencia es primordial para entrar en el mercado laboral.

3 EXPRESIÓN

a. Ayudándose *(en s'aidant)* del texto y de sus propias ideas explique cuáles son las ventajas y los inconvenientes de las prácticas.

(Redacte unas 150 palabras)

b. Explique con sus propias ideas si hoy en día es fácil o difícil encontrar prácticas.

À RETENIR

- ***Hay que* + verbe à l'infinitif (il faut)** > *Hay que recurrir*
- ***Soler* + verbe à l'infinitif (avoir l'habitude de)** > *Las empresas suelen recurrir a nuevos candidatos.*

Attention à ne pas oublier que ***soler*** est un verbe qui diphtongue : le « o » en « ue »

DOCUMENTO N°2

Adaptado de Capital, 10/2012

Los procesos de selección más duros y divertidos

Entrevistas encadenadas, test de lógica, complejos problemas matemáticos, preguntas enrevesadas... las empresas utilizan todo su armamento para acabar atrayendo a los mejores. Armas que, en ocasiones, son de lo más entretenidas .

Ahora se es mucho más exigente con los candidatos ya que hay muchas más posibilidades de elección, más competencia entre ellos y muy buenos profesionales en situación de desempleo. Así lo reconocen en Microsoft España : «somos bastante exigentes en nuestro proceso de selección ».

Rondas de entrevistas que se hacen eternas, presenciales, por teléfono o vía Skype, en las que se habla del curriculum, de las experiencias o de lo que puede aportar a la compañía, ejercicios matemáticos dignos del propio Pitágoras, pruebas de creatividad y personalidad que son auténticos rompecabezas. Una larga carrera de fondo en la que, en ocasiones, el candidato se encuentra con obstáculos en forma de preguntas que desarmarían al mismísimo Billy El niño. A modo de ejemplo, en Google se han planteado cuestiones como ¿Cuántas vacas hay en Canadá ? ¿Cuántas pelotas de golf en un autobús escolar ? ¿Cuántas veces al día se superponen las agujas de un reloj ?

«Cuando me entrevisté con la directora de Recursos Humanos de Europraxis, una consultora estratégica y de negocio de origen español, me pidió que estimara el número de municipios que había en España, que calculara el número de pañales que se podían vender en Estados Unidos en un año, y que descubriera cuánto tiempo hacía falta para desalojar Madrid », recuerda Matilde. ¡De locos ! En un proceso de selección todas las preguntas tienen su razón de ser. Se trata de ver si su mente es convergente o no, si son más o menos emocionales o si se bloquean.

Diferente y más divertida, es la herramienta creada por L'Oreal para seleccionar a los mejores jóvenes talentos. Bajo el nombre de Reveal (www.reveal-thegame.com), y a través de una página Web, el estudiante de entre 22 y 25 años se convierte en manager en Prácticas que comienza a trabajar en la empresa y acompaña a su jefe por todo el mundo para desarrollar un nuevo producto. Se trata de un business case, que en la vida real duraría 18 meses, pero que se puede desarrollar en seis horas de juego. Casi 100.000 jóvenes de 160 países diferentes han participado en el juego desde su lanzamiento en 2010.

1 VOCABULARIO

Encuentre en el texto el significado de estas palabras.

un entretien d'embauche	*un casse-tête*	*un écran*
des couches culottes	*déloger*	*une question*
développer	*un outil*	*un test*
compliqué	*la concurrence*	*une série d'entretiens*

2 EXPRESIÓN

a. Explique con sus propias palabras lo que es una entrevista encadenada.
(Unas 30 palabras)

b. ¿Cuál de estas 3 entrevistas le gustaría más tener ? : « Una entrevista presencial, por teléfono o vía Skype ? ». Justifique.

c. Busque en el documento las preguntas que los entrevistadores pueden hacer a un candidato. Diga usted en algunas palabras lo que piensa de estas preguntas.

d. Imaginamos que usted tiene una entrevista para unas prácticas de prospección en España. Tiene que inventar un diálogo (con preguntas clásicas) entre usted y el futuro empleador.
(Unas 150 palabras)

À RETENIR

Más : plus
Muy : très
Mucho / mucha / muchos / muchas : beaucoup
Se trata de : il s'agit de > *Se trata de un business case*
Trata de : traite de > *Este documento trata de*
A modo de ejemplo : en guise d'exemple

LE CV ET LA LETTRE DE MOTIVATION

Vous êtes en première année de BTS Notariat et à la fin de vos études vous aurez peut-être besoin de rediger un CV ou une lettre de motivation pour un premier emploi. Vous trouverez ci-dessous des conseils pour rédiger votre CV (ce dernier pourra vous être utile si lors de l'entretien de l'épreuve orale on vous pose des questions sur votre parcours scolaire), un exemple de mise en page pour la lettre de motivation (très utile aussi pour l'oral notamment si on vous pose des questions concernant vos qualités, vos aptitudes, vos expériences, etc.) ainsi que quelques phrases pour vous aider à faire votre lettre de motivation.

1 ALGUNOS CONSEJOS PARA REDACTAR UN BUEN CURRÍCULUM VITAE

¡Un CV no puede y no debe hacerse en 30 minutos! Es el primer contacto que tenemos con el entrevistador, pues hay que dedicarle ***(lui dédier)*** mucho tiempo para que sea lo mejor posible y para que llame la atención del futuro empleador.

El CV debe llamar la atención pero no tiene que ser extravagante, usted podrá encontrar ejemplos en la Web e inspirarse de éstos. Hay que tener mucho cuidado con la redacción, la ortografía. Un CV debe ser claro, conciso y lo mejor es que ocupe 1 página (a lo sumo 2). Una vez terminado, pida usted a alguien que lo lea para eliminar las faltas de ortografía y para comprobar ***(vérifier)*** si el CV está bien formulado.

Aquí encontrará algunas pautas (règles) que hay que seguir para redactar un buen CV.

- Primera parte del CV dedicada a informaciones personales en la cual hay que indicar :
  - Su nombre y su apellido
  - Su dirección
  - Su número de teléfono (presente usted los números de teléfono en su formato para llamadas internacionales indicando el prefijo para llamadas internacionales con el signo « + »)
  - Su correo electrónico
  - Su edad ***(son âge)***
  - Su nacionalidad

¡Todos estos datos son imprescindibles ! *Toutes ces données sont indispensables !*

- Una vez terminada la parte sobre las informaciones personales conviene poner en evidencia que tipo de empleo (***quel type d'emploi***) o prácticas (***stage***) solicite (***vous demandez***). Hay que escribirlo en negrillas y mayúsculas para que sea visible. También es posible escribirlo antes de la presentación personal como si fuese un titular (*un gros titre*)

  Por ejemplo. Prácticas Notariales

- En la segunda parte conviene describir sus períodos de educación y de formación de los más recientes a los más antiguos.

  Por ejemplo. Desde septiembre de 2015 : Primer grado de título de técnico superior en notaría ***(BTS Notariat)*** en el Instituto (nombre) en (ciudad y país).

  Junio de 2015 : Bachillerato letras ***(Bac L)*** en el instituto (nombre) en (ciudad y país). Calificación : notable

Equivalencias para el bachillerato :

STMG : Ciencias y tecnologías de management y gestión

ES : Economía y Ciencias Sociales

S : Ciencias

L : Letras

Bac professionnel commerce : bachillerato profesional comercio

Bac professionnel comptabilité : bachillerato profesional contabilidad

La calificación (*la mention*) en el bachillerato :

Très bien : Sobresaliente

Bien : Notable

Assez bien : Bien

Sans mention : Aprobado

- En la tercera parte, tendrá usted que indicar su experiencia laboral hablando de prácticas ya realizadas, de sus primeros empleos. Elimine usted esta sección si no tiene ninguna experiencia laboral.

  Por ejemplo. Junio 2015 – agosto 2015 : vendedora en el departamento de exportaciones en la empresa Café Mundo de Colombia.

  Mayo 2014 – junio 2014 : prácticas en un banco ***(Le Crédit Agricole en Toulouse)***

- En la cuarta parte se hablará de sus capacidades y aptitudes personales :

  - Indicar su(s) lengua(s) materna(s)
  - Indicar los otro(s) idioma(s) con el nivel que tiene
  - Indicar sus capacidades informáticas
  - Por ejemplo usted puede hablar de su experiencia personal en cuanto a actividades de tiempo libre, voluntariado en asociaciones, actividades deportivas...)
  - Indicar cuáles son sus aptitudes personales (por ejemplo si sabe trabajar en equipo, si es un buen comunicador, una persona muy organizada...)

2 EJEMPLO CV

Julie Dupont
5 rue du Moulin
86 000 Poitiers
+ 33 6 .. ..
juliedupont@hotmail.fr
21 años

Foto

Prácticas notariales

Educación y formación

- Actualmente : Primer año de título de técnico superior en notaría (BTS Notariat) en el Instituto ...
- Bachillerato en ciencias (BAC S) en el instituto... - Calificación : Notable

Experiencia profesional

- Julio 2015 – agosto 2015 : Vendedora en la tienda Zara en Poitiers
- Julio 2014 – agosto 2014 : Animadora para niños en España
- Julio 2013 – agosto 2013 : Vendedora de caramelos en Inglaterra

Capacidades y aptitudes personales

- Idiomas :
  Francés : lengua materna
  Inglés : Nivel B2
  Español : Nivel B2
- Capacidades informáticas :
  Word
  Excel
  Access
  Photoshop
- Voluntaria para los niños enfermos en un hospital
- Soy una persona voluntaria, autónoma y organizada

3 MODELO CARTA DE PRESENTACIÓN

1. Nombre apellido del remitente (expéditeur)
Dirección (Attention il ne faut pas traduire son adresse, mais la laisser en français !)
Tlf.: + 33 6 ....
E-mail / Correo electrónico:*

2. LAS SEÑAS DE LA EMPRESA DESTINATARIA*
(les coordonnées de l'entreprise destinataire)
3. EL NOMBRE DEL DESTINATARIO*
Atn.: Sr. X (atención-*à l'attention de-*)
Atn.: Sra. X

3. LA FECHA* *(la date)*

4. EL ASUNTO* *(l'objet)*
ASUNTO: *(formule courte et précise)*

7. EL SALUDO* *(la formule d'appel)*
Estimado(a-s) señor(a-es-as): (attention à la ponctuation!)
Distinguido(a-as) señor(a-es-as):

8. EL TEXTO DE LA CARTA* *(le corps de la lettre)*

....
....
....
....
....

9. LA DESPEDIDA* *(les salutations)*

10. LA FIRMA* *(la signature)*

11. LOS ANEXOS* *(les pièces jointes)*
ANEXO(S) *ou* **ADJUNTO(S):**

***** *Veuillez ne pas recopier***

4 EJEMPLO CARTA DE PRESENTACIÓN

Isabelle Dupont
5, rue des Pommes
31 000 Toulouse
FRANCE
Tel : +33 6 52 .. .. ..
Email : isabelledupont@gmail.fr

Pikolinos
Calle Galileo Galilei
(Elche Parq. Ind.), 2,
03203 Elx, Alicante,
ESPANA
Responsable comercial,
Juan Martínez

El 10 de julio de 2016

Asunto : Candidatura para el puesto en notaría

Estimado Señor Martínez :

En respuesta a su anuncio publicado en el diario Info Job, me dirijo a usted con el fin de proponerle mi candidatura para el puesto en notaría.

Acabo de finalizar mi licenciatura en logística y compras en la Universidad de Toulouse y como puede comprobar en el currículum vitae que adjunto, me he especializado en el área familia y herencia. Poseo pues una sólida formación académica y una clara vocación por el mundo notarial.

Tengo también unos sólidos conocimientos en inglés y español y por supuesto francés (idioma materno).

Quisiera integrar su empresa, de gran renombre internacional, y podría aportarle una gran capacidad de trabajo así como un enorme sentido de la responsabilidad y capacidad organizativa, trabajo en equipo y excelentes aptitudes para la comunicación.

Estaría muy interesada en concertar una entrevista personal con usted, para ampliar cualquier información que necesite.

Sin otro particular y esperando se ponga en contacto conmigo, se despide atentamente.

Isabelle Dupont

¡RECUERDE ! VOCABULARIO

Adjuntar **:** joindre (un CV par exemple)
Al igual que : tout comme
A modo de : en guise de
Asunto **:** objet (d'une lettre)
Autónomo **:** autonome
Bachillerato **:** baccalauréat
Bajo : faible
Un sueldo bajo : un faible revenu
Buscar : chercher
Candidato : candidat
Carta de presentación : lettre de motivation
Clave : clef
Un factor clave **:** un facteur clef
Comercio internacional : commerce international
Competencia : concurrence
Competencias **:** compétences
Competidor : concurrent
Contratar a alguien **:** employer quelqu'un
Currículo vitae **:** curriculum vitae
Cursar una carrera : faire des études
Desarrollar **:** développer
Desarrollo : développement
Desempleo : le chômage
Empleado : employé
Empleador : employeur
Emplear : employer
Entrevista : entretien
Empresa **:** entreprise
Estar de prácticas : faire un stage
Idioma (el) : langue étrangère
Incluso : même
Intentar : essayer (pas de préposition en espagnol)
Interés **:** intérêt
Lograr : obtenir / réussir
Mercado laboral : marché du travail
Oferta de empleo : offre d'emploi
Página web : page Internet
Prácticas en el extranjero : stage à l'étranger
Pregunta **:** question
Problema (un) : problème
Prospección : prospection
Sede : siège (d'une entreprise)
Serio **:** sérieux
Soler : avoir l'habitude de (verbe à diphtongue o = ue)
Salario **:** salaire
Sueldo : salaire
Tareas **:** les tâches
Tener ganas de : avoir envie de
Titulación académica **:** diplômes
Trabajo en equipo : travail en équipe

CHAPITRE 2

CONCILIACIÓN LABORAL Y FAMILIAR

El País, 24/01/2011

DOCUMENTO N°1

Source : www.mujer.orange.es, 18/06/2009

El placer de poder trabajar en pijama

Todavía son pocos los teletrabajadores que han descubierto el placer de trabajar en casa, en pijama y zapatillas, pero años tras años crece el número de adictos al teletrabajo, una práctica muy extendida en Estados-Unidos o en los países nórdicos.

« Volver a un horario fijo, rígido, me costaría. ». Es el testimonio de Julián Isla, responsable de soporte en Microsoft España, que desde casi cinco años tiene el despacho en casa. « Gestionar mi tiempo de trabajo y ocio me da libertad. El futuro es el teletrabajo ».

Concha P. de Telefónica, lleva mucho menos tiempo « teletrabajando », desde julio, pero no duda ni un segundo en calificar de «fenomenal » la experiencia. « Todo lo que necesito lo tengo al alcance con un teléfono, un ordenador y el correo electrónico » comenta quien se queda en casa, se evita horas y horas de atascos para llegar a la oficina.

Julián y Concha son dos ejemplos de los teletrabajadores que se han acogido a un sistema que favorece la conciliación familiar y laboral, objetivo en el que coinciden empresarios y sindicatos.

Esta es la principal ventaja de un método de trabajo del que comenzó a hablarse en Estados Unidos en la década de los 70 del siglo pasado y que más tarde cruzó el Atlántico con una implantación más exitosa en los países del norte del continente europeo que en los del sur.

Elena Dinesen, Directora de Recursos Humanos en Microsoft España, prefiere hablar de « trabajo flexible » que su empresa promueve desde hace cuatro años con unos resultados « bárbaros ». (...)Al ingresar en Microsoft cada trabajador recibe un ordenador, un teléfono móvil de última generación y acceso a una línea de ADSL, herramientas que les facilitarán el trabajo bien en casa bien en la oficina. « Nuestra política – dice Elena Dinesen, es dar confianza a nuestros trabajadores y pedirles resultados, no horas de presencia ».

Elena Dinesen asegura que el teletrabajo les ha permitido recuperar a personas con talento, sobre todo mujeres de entre 30 y 35 años que tenían dificultades para conciliar vida familiar y laboral. « La gente joven busca flexibilidad. Ya no hay cultura presencial y se ha perdido el miedo a irse antes que el jefe. El compromiso con la empresa se ha disparado. » Pero hay también quienes advierten del peligro que supone que las empresas fomenten el teletrabajo sobre todo entre sus empleadas. El teletrabajo exige una autodisciplina « que viene de forma natural » destaca la ejecutiva[1] de Microsoft. « No por estar ocho horas en la oficina se va a rendir más o la organización va a ser mejor », insiste.

Julián Isla habla de la necesidad de establecer estrategias de deconexión válidas que « le permitan no pensar todo el día en el trabajo, mi despacho – comenta – está en casa pero en un sitio fijo y al margen de donde transcurre la vida familiar y de fijarse límites porque existe el peligro de trabajar más horas ».

Ese peligro, « que la flexibilidad se maneje mal », es uno de los principales inconvenientes que aprecia Raquel Boto, de la Secretaría de Acción Sindical y Políticas Sectoriales de CC.OO., quien alerta también de problemas de « desarraigo y aislamiento ». El teletrabajo, dice, supone no tanto un avance como otra forma de organización, que debe implicar a todo el mundo, de arriba abajo ».

[1]Ejecutiva : *chef d'entreprise*

1 VOCABULARIO

Recherchez dans le texte la traduction des mots suivants.

le plaisir	le déracinement	la décennie
le bureau	isolement	croître
le témoignage	rechercher	douter
le loisir	de haut en bas	avertir
le télétravail	l'avantage	fixer
des outils	les gens	encourager

2 COMPRENSIÓN

a. Explique en algunas palabras lo que significa « teletrabajo ».

b. Apunte (***notez***) dos ventajas y dos inconvenientes del teletrabajo evocados en este artículo.

3 TRADUCCIÓN

Traducir al francés desde « volver a un horario fijo » hasta « la experiencia ».

4 EXPRESIÓN

Conteste en español a la pregunta siguiente (*suivante*).

Diga si a usted le gustaría teletrabajar. ¿Cuáles son a su parecer las ventajas y los inconvenientes del teletrabajo ?

(200 palabras + ou – 10%)

À RETENIR

- Año tras año : ***année après année***
- Llevar + *complément de temps* + *Verbe au gérondif* : *cela fait…*

> Lleva poco tiempo trabajando en esta empresa : ***cela fait peu de temps qu'il travaille dans cette entreprise.***

- Desde hace : ***depuis (à utiliser avec une durée)***

> Desde hace 4 años

- Desde : ***depuis (à utiliser avec una date précise)***

> Desde julio / Desde 1980

DOCUMENTO N°2

Source : Diario Córdoba, 29/01/2013

El 30% de las mujeres deja el trabajo para cuidar de sus hijos

A pesar de los avances en igualdad, la casa y el cuidado de los hijos siguen siendo cosa de mujeres. Ellas son las que soportan la mayor parte de las tareas domésticas, mientras que ellos se dedican más a su trabajo. La dificultad que todavía hoy existe para conciliar vida familiar y vida laboral empuja a la mujer a renunciar a ascensos (el 35%), a dejar de trabajar para cuidar de sus hijos (el 30%) o a cambiar de empleo para lograr un mejor horario (el 24%).

Son algunos datos del estudio Diversidad familiar y estrategias de conciliación en Andalucía realizado por la Universidad de Sevilla y que fue presentado ayer por la consejera de Presidencia e Igualdad de Andalucía.

El informe, realizado entre 164 familias andaluzas en 2011, analiza casi por primera vez los diferentes tipos de familias. En las heteroparentales (formadas por hombre y mujer), aunque se han dado pasos importantes hacia la igualdad, las mujeres continúan asumiendo la mayor parte de las tareas del hogar y se encargan de los hijos. Por ejemplo, el 90% de las entrevistadas es la que friega los cacharros[1]. También son las mujeres las que supervisan las tareas escolares de los hijos (el 89% frente al 47% de los hombres), o las que les hacen la cena (el 90% frente al 63%). En general, los hombres dedican al hogar dos horas y cuarto menos al día que sus parejas.

¿Cuáles son los principales obstáculos para conciliar vida familiar y vida profesional? El estudio concluye que las mayores trabas[2] las ponen las empresas, por la falta de flexibilidad en los horarios, la imposibilidad de coger días libres y la sobrecarga laboral. Ante estas dificultades, el 51% de las familias decide mudarse cerca del trabajo y el 28% pospone la maternidad o paternidad (un tercio lo atrasa por motivos económicos). Las parejas proponen flexibilizar la jornada laboral, que haya guarderías en las empresas y más ayudas económicas.

[1]Fregar los cachorros : *laver la vaisselle*

[2]Las trabas : *les obstacles*

1 COMPRENSIÓN

a. Haz una presentación completa del documento (título, fecha, tema...)

b. En francés haz un resumen en unas 5 o 6 líneas del documento

2 EXPRESIÓN

a. Explique cuáles son para las mujeres las consecuencias de esta desigualdad *(inégalité).*

b. ¿Qué soluciones podrían proponer las empresas para resolver (***résoudre)*** este problema ?

c. Más tarde, qué preferiría usted, ¿sacrificar parte de su vida personal o parte de su vida profesional ?

À RETENIR

- Proponer ***(pas de préposition ensuite)***

> Las empresas proponen flexibilizar los horarios.

- Seguir + ***Verbe au gérondif : continuer de***

> Siguen siendo : ***continuent d'être***

- Ellas son las que soportan la mayor parte de las tareas domésticas : ***ce sont elles qui supportent la plupart des tâches ménagères***
- Son las mujeres las que supervisan las tareas escolares de los hijos : ***ce sont les femmes qui supervisent les devoirs des enfants***

ENTRAÎNEMENT ORAL : VIDÉO

www.youtube.com/watch?v=CimI32BwFZM

Visionnez le document ci-dessus et répondez aux questions suivantes :

1. Presente el documento
2. ¿Cuál es el tema del documento ?
3. ¿Cuándo hubo un decreto en España ?
4. ¿En qué consistía este decreto ? ¿ El resultado fue positivo ? Justifique.
5. ¿Cuánto tiempo el español duerme de menos que la media europea ?
6. ¿Por qué según Ignacio Buqueras, España es diferente?
7. ¿En qué año la mujer se incorporó al mundo laboral ?
8. ¿Por qué razones los españoles quieren horas flexibles ?
9. ¿Cuántas horas más que la media europea los españoles trabajan al año ?
10. ¿Cuál es la respuesta correcta ?
- Hoy un 19% de los españoles tiene horario flexible
- Hoy un 9% de los españoles tiene horario flexible
- Hoy un 39% de los españoles tiene horario flexible

11. Explique lo que dice el señor que está con su hija.

12. ¿Cuántas personas trabajan en la Nueva sede de Telefónica en Madrid ? ¿Cuáles son las ventajas para el empleado de trabajar allí ?

13. ¿Qué dice Cristina Carvajal al final del documento ?

¡RECUERDE ! VOCABULARIO

Aislamiento : isolement
Ambiente : ambiance
A pesar de /pese a : malgré
Asalariado : salarié
Atasco : embouteillage
Buscar : chercher
Casa : maison
Compromiso : engagement/compromis
Confianza : confiance
Conciliar vida familiar y laboral : concilier vie de famille et professionnelle
Decreto : décret
Duda : doute
Ejecutivo : chef d'entreprise
Empleado : employé
Empleador : employeur
Empresa : entreprise
Estrés : stress
Falta : manque (la falta de flexibilidad)
Horario flexible : horaire flexible
Hombre : homme
Igualdad : égalité
Inconveniente : inconvénient
Jornada laboral : journée de travail
La gente : les gens (toujours au singulier en espagnol)
Mujer : femme
Ocio : loisir
Oficina : bureau
Pareja : couple
Placer : plaisir
Por suerte : par chance
Promover : promouvoir
Rendimiento : rendement
Retraso : retard
Según : d'après
Tareas domésticas : tâches ménagères
Teletrabajador : télétravailleur
Teletrabajo : télétravail
Testimonio : témoignage
Ventaja : un avantage
Ventajoso : avantageux

CHAPITRE 3
LAS REDES SOCIALES E INTERNET

POR SANDRIUX86 - 4 JUNIO 2013
www.soxialmedia.com

DOCUMENTO N°1

Source : Adaptado de Cinco días, 13/02/2009

Lo que hacen las redes sociales, como Facebook, con sus datos

La proliferación de redes sociales y su uso masivo entre adultos, niños y adolescentes inquietan a los organismos responsables de velar por la protección de la intimidad y la propiedad intelectual. Hoy se sabe que el 43% de los usuarios tiene configurado su perfil de forma que puede ser visto por cualquier internauta. ¿Sabe usted exactamente qué uso de sus datos personales hacen los propietarios de estas plataformas ?
Los expertos alertan sobre la venta, por parte de estas redes, de información privada a las empresas y a las agencias de publicidad. De Estados Unidos llega a España la llamada publicidad superpersonalizada. ¿Es adicto al chocolate ? Sepa que en cualquier momento las grandes multinacionales del cacao inundarán su buzón[1] con tentadoras propuestas. ¿Su perfil en Facebook registra su pasión por el deporte ? Pronto tendrá en la puerta de su casa un folleto con las últimas novedades en golf.

En el mundo anglosajón las plataformas están vendiendo perfiles de gusto. Y el fenómeno ya ha comenzado a reproducirse en España. El internauta está totalmente indefenso ante esta realidad y todavía no es consciente de las consecuencias que tiene colgar en la red información privada.

La Agencia Española de Protección de Datos presentó un estudio que insiste en este problema. Tanto en el momento de registrarse en la red como durante su uso, estas plataformas no respetan el derecho a la intimidad. La normativa española es la más restrictiva de Europa. Por eso, la americana Facebook se ha instalado en Francia y no en España a pesar del gran número de internautas españoles que recurren a ella para hacerse amigos.

El estudio verifica, entre otras cosas, si las redes sociales limitan el registro de menores de 13 años, como lo obliga la ley ; si ofrecen información comprensible y detallada sobre el uso que hacen de los datos colgados[2] y ponen trabas[3] para darse de baja[4]. Además, la mayor parte permite el acceso de cualquier internauta a los perfiles de sus usuarios con sólo teclear[5] su nombre en un buscador.

[1]El Buzón : ***ici, la boîte aux lettres électronique***

[2]Colgar : ***mettre, afficher (sur Internet)***

[3]Poner trabas : ***créer des difficultés***

[4]Darse de baja : ***se retirer***

[5]Teclear : ***taper sur son clavier***

1 VOCABULARIO

Traduzca las palabras siguientes buscándolas *(en les cherchant)* en el texto.

les réseaux sociaux
la vente
l'internaute
les informations
anglosaxon
l'utilisation
un profil
un moteur de recherche
la consommation
un utilisateur
veiller
n'importe quel

2 COMPRENSIÓN

a. ¿Quiénes suelen (soler : avoir l'habitude de) utilizar las redes sociales ?

b. En España, ¿se suele utilizar Facebook ? Justifique con el texto.

c. ¿Cuál es el mayor problema que se plantea (qui se pose) con las plataformas de Facebook ?

3 TRADUCCIÓN

a. Traduzca al francés :

« Hoy se sabe que el 43% de los usuarios tiene configurado su perfil de forma que puede ser visto por cualquier internauta. ¿Sabe usted exactamente qué uso de sus datos personales hacen los propietarios de estas plataformas ? »

b. Traduzca al francés :

« El internauta está indefenso ante esta realidad y todavía no es consciente de las consecuencias que tiene colgar en la red información privada. »

À RETENIR

Lo que : ***ce que***

Todavía : ***encore***

Empleo de por et para

- *En général* **por** *est l'équivalent de* ***par.*** *Il exprime ainsi le moyen ou la cause. On l'utilise aussi pour exprimer une date imprécise, le troc, l'échange.*

> Velar por la protección de la intimidad ***: ici on exprime la cause***

- **Para** *est l'équivalent de* ***pour****, il exprime le but. On l'utilise aussi pour exprimer un délai, une échéance, une date précise, le point de vue et la destination.*

> Para darse de baja : ici on exprime le but

DOCUMENTO N°2 : ENTRAÎNEMENT ORAL - VIDÉO

www.dailymotion.com/video/xljn9c_las-redes-sociales-y-el-empleo-cnn_school

Visionnez le document vidéo avec le lien ci-dessus et répondez aux questions suivantes :

1. Presente el documento y diga cuál es el tema.

2. Complete la frase siguiente : las redes sociales son cada vez más usadas por ...

3. ¿Cómo se llama la empresa en la cual se hizo una encuesta ?

4. ¿ Cuáles son las dos redes sociales más usadas ?

5. ¿ Cuál es la pregunta de la persona entrevistada en el vídeo ?

6. ¿ Cuál es la respuesta ?

7. Se habla de un problema con facebook : ¿puede explicarlo ?

8. ¿Qué suele hacer el director de los Recursos Humanos cuando quiere emplear a alguien *(quelqu'un)* ?

DOCUMENTO N°3

Source : Cincodias.com, 02/01/2015

Escapadas « detox » : ni móvil ni wifi ni portátil, por favor

Prohibido entrar con el móvil, la tableta o el portátil, ¿estaría dispuesto? Si es lo que busca, usted es un turista digital détox. La saturación tecnológica ha impulsado la búsqueda de este tipo de alojamientos de desintoxicación digital. Según el portavoz de Trivago Alberto Calcerrada, en España aún no hay una demanda muy elevada, pero grandes hoteles y alojamientos rurales, mucho más baratos, han optado por adoptar este nuevo concepto, que el diccionario define como "tomarse un respiro de los aparatos electrónicos". Cadenas como Vincci y Barceló ya ofrecen experiencias détox, término que se popularizaba hace apenas dos años, sobre todo por las dietas[1] alimenticias.

Las islas caribeñas de San Vicente y las Granadinas son referentes mundiales de esta tendencia, pero hay otros destinos como Marruecos o las Azores, también ideales para desintoxicarse. El principal requisito de un black hole (agujero tecnológico) es depositar en la recepción del hotel todo tipo de aparatos electrónicos.

La vuelta a lo esencial, a lo cotidiano, en un entorno que invite al relax, y a la desconexión es lo que buscan los viajeros détox. Dormir, comer o pasear sin prisas es el principal eje de la experiencia. ¿Cuál es el perfil de sus principales adeptos? Parejas jóvenes y de mediana edad de alto poder adquisitivo.

Este fenómeno surgió en Estados Unidos como escape de un segmento de la población que por su profesión, como cargos directivos, sufría un exceso de hiperconectividad y ya en 2012 Vincci incorporó el détox en tres de sus hoteles. Al entrar, los clientes dejan los gadgets y el hotel entrega un libro y unas listas de sugerencias. Además del spa, la cadena organiza otras actividades al aire libre, opciones para renovar el cuerpo y la mente de los turistas.

"Muchas personas están tan atadas a la tecnología que son incapaces de disfrutar de un desayuno con vista a una manada de elefantes por estar pendientes de la cobertura". Entre sus sugerencias, el Hotel Explora Rapa Nui (Chile), 30 habitaciones con vistas al Pacífico, elementos autóctonos, piscina, jacuzzi, pero sin televisión.

[1]Dieta : ***régime***

1 COMPRENSIÓN

a. Presente el documento (Type de document, titre, date, source, thème)

b. Conteste a las preguntas siguientes ayudándose del documento :

- ¿De dónde proviene este fenómeno de escapadas « detox ».
- ¿Quiénes fueron los primeros en adoptarlo ?
- En España, ¿en qué lugares (ciudades o establecimientos) se proponen estas escapadas detox ?

2 EXPRESIÓN

a. Explique con sus propias palabras lo que es « un turista digital detox ».

b. Diga si a usted le gustaría participar en estas excursiones detox sin « móvil, wifi y portátil » durante 1 mes. Justifique con ejemplos concretos (unas 100 palabras)

3 EJERCICIO

Mettez les verbes au passé simple.

Al entrar, los clientes dejan los gadgets y el hotel entrega un libro y unas listas de sugerencias. Además del spa, la cadena organiza otras actividades al aire libre, opciones para renovar el cuerpo y la mente de los turistas.

À RETENIR

Le passé simple

- Formation des verbes réguliers :
  - **Verbes en -ar** : base verbale + é/aste/ó/amos/asteis/aron (vous remarquerez que la terminaison à nous est la même que celle au présent. Aussi n'oubliez pas les accents aux première et troisième personnes du singulier).
  - **Verbes en -er / -ir** : base verbale + í/iste/ió/imos/isteis/ieron (Idem remarque ci-dessus).
- Attention, il existe de nombreux verbes irréguliers dont la terminaison est différente de celle des réguliers.
- Beaucoup de verbes (dits parfaits forts) se formeront comme celui-ci :

  - Tener : Tuve - tuviste - tuvo - tuvimos - tuvisteis - tuvieron

  Poder : Pude - ...

  Saber : Supe - ...

  (voir le tableau des verbes partie 6 de ce manuel)
- Les verbes de type **ucir** se formeront sur le modèle de **decir** : dije - dijiste - dijo - dijimos - dijisteis - dijeron
- Les verbes du type **pedir / sentir / dormir** changent la voyelle du radical à la troisième personne du singulier et du pluriel : **e devient ie** / **o devient u**

> Pedí - pediste / pidió - pedimos / pediste - pidieron

- Ser et ir ont la même forme au passé simple
- Il n'y a pas de diphtongue au passé simple

DOCUMENTO N°4

Source : Adaptado de elpaís.com, Fernando Barciela, 21/2/2015

El negocio del súper « on line »

En España, la venta online de los súper[1] apenas se ha desarrollado y en algunos centros como Lidl ni siquiera han comenzado. "No tenemos venta por Internet y si bien el tema está sobre la mesa, no hay nada concreto", apunta un portavoz de la empresa alemana. Hay varias razones para este desinterés por parte de las grandes cadenas para potenciar este sistema.

Una es la compra impulsiva, que se da poco por Internet. "Lo que quieren las grandes cadenas", explica Adolfo Gil, presidente de tudespensa.com, "es que la gente vaya a las tiendas y no sólo compre lo que necesita, sino que le tienten[2] otras cosas". Otra razón es que la mayor parte de las empresas del sector no han dado aún con una fórmula de negocio solvente[3]. La venta por Internet resulta cara; añade entre seis y 12 euros al coste de la venta, excesivo en un sector con márgenes bajos.

Desarrollar la venta online les genera problemas de organización y gestión. "Complica la logística de las cadenas", opina Jaume Gomá, fundador y director general de Ulabox, "y tiene poco interés ya que no es ni el 1% del negocio". En efecto, la venta de alimentos por Internet no supera los 260 millones de euros, menos del 1% del total.

El sector de la alimentación necesita una gran y ágil infraestructura logística: los usuarios quieren su compra el mismo día. En España, un intento creado en 2011, el de Alice.com, fracasó casi de inmediato. Sin embargo, en los últimos cuatro años han aparecido iniciativas, apuntaladas[4] en la externalización, sobre todo en lo que se refiere a los vehículos para el reparto. Instacart ni siquiera vende sus propios productos y se limita a distribuir las referencias de sus asociados, de modo que se le podría considerar como una central de pedidos. Y funciona.

[1] Un súper : ***un supermercado***

[2] Tentar : ***tenter***

[3] Solvente : ***solvable***

[4] Apuntalar : ***diriger***

1 COMPRENSIÓN

a. Presente y resuma en algunas líneas en francés el artículo.

b. Busque en el documento las razones por las cuales algunas empresas no han optado por la venta on line.

c. Dígalo de otra forma : « lo que quieren las grandes cadenas, es que la gente vaya a tiendas y sólo compre lo que necesita, sino que le tienten otras cosas. »

2 EXPRESIÓN

Personalmente, ¿usted prefiere comprar on line o directamente en las tiendas ? Justifique con ejemplos concretos.

(Redacte unas 100 palabras)

À RETENIR

- Apenas : ***à peine***
- Ni siquiera : ***même pas***
- Querer que + ***subjonctif***

> Lo que quieren las grandes cadenas es que la gente vaya a las tiendas...

- *Formation du subjonctif présent pour les verbes réguliers :*
  - **verbes en -ar** : radical + e - es - e - emos - éis - en
  - **verbes en -er et -ir** : radical + a - as - a - amos - áis - an

Attention de nombreux verbes au subjonctif présent se forment sur la première personne du présent de l'indicatif !

> Tengo (présent de l'indicatif) donne tenga au subjonctif présent.

(voir tableau des conjugaisons partie 6)

N'oubliez pas les diphtongues au présent du subjonctif à toutes les personnes sauf à nous et à vous.

- Superar : ***dépasser***

¡RECUERDE ! VOCABULARIO

Alguien : quelqu'un
Alojamiento : logement
Añadir : ajouter
Apenas : à peine
Barato : bon marché
Bajo : bas (*un precio bajo*)
Buscador : moteur de recherche
Buscar : chercher
Búsqueda : recherche
Cadena : chaîne
Cobertura : couverture (réseau)
Compra : achat
Comprar : acheter
Cualquier : n'importe quel
Dato : donnée (***datos personales***)
Dejar : laisser
Depender : dépendre
Desarrollar : développer
Deporte : sport
Disfrutar : profiter
Encuesta : enquête
Folleto : dépliant
Gusto : goût
Hoy : aujourd'hui

Internauta (el) : internaute
Margen (un) : marge
Negocio : affaire
Nuevas tecnologías : nouvelles technologies
Página web : page web
Pedido : commande
Perfil : profil
Población : population
Problema (un) : problème
Propuesta : proposition
Razón : raison

Red social : réseau social
Requisito : condition
Respetar : respecter
Sitio internet : site Internet
Superar : dépasser
Teclear : taper sur le clavier
Teclado : clavier
Uso : utilisation
Usuario : utilisateur
Venta : vente
Vídeo (un) : vidéo

CHAPITRE 4
EL CONSUMO

http://15consumismo.blogspot.fr/2010/09/la-sociedad-de-consumo.html

DOCUMENTO N° 1

Source : El País, 15/01/2014

El smartphone nos hace consumidores compulsivos

La crisis no está haciendo mella[1] en las ventas de smartphones. La presencia de los móviles que permiten el acceso rápido a Internet sigue creciendo y su uso se ha generalizado tanto que 19 millones de españoles viven conectados a través del móvil y lo consultan unas 150 veces al día mientras esperan el autobús, hacen cola para comprar el pan o viajan en metro.

Ésta es una de las conclusiones del último informe sobre la Sociedad de la información en España que anualmente elabora la Fundación Telefónica y que pone de manifiesto dos nuevas realidades: los smartphones están impulsando[2] las compras compulsivas. Casi 25 millones de españoles acceden a Internet, 700 000 más que en 2012.

Llevar el móvil a todas partes y poder consultarlo en cualquier lugar ha hecho que el llamado efecto «quiero tenerlo ya», gane importancia. Usar el smartphone para comprar por Internet ha crecido un 30,2%. El 55% de las compras con el móvil se producen dentro de la hora siguiente a la búsqueda con el terminal, y el 81% no estaban planificadas, sino que «se producen de una forma más o menos espontánea», según el informe. Las adquisiciones que se realizan a través del ordenador suelen ser menos impulsivas (sólo un 58% se realizan sin haberlo tenido previsto).

No sólo sirve para comprar cosas sin haberlo planificado, también sirve para matar el tiempo. El informe destaca que un 68% de los internautas afirma que lo hacen para entretenerse[3] mientras esperan, por ejemplo, el autobús. Los otros motivos más citados son que el usuario no está delante del ordenador, que necesita una respuesta rápida y que quiere dar la imagen de una persona moderna.

Pero el medio que está avanzando más es la televisión. Un 24% de los internautas ya se conecta a Internet a través de la tele. La tasa ha aumentado un 33% respecto al año anterior. También siguen en auge las redes sociales. Facebook, Twitter o Tuenti forman parte de la vida del 64% de los usuarios de Internet.

[1]No hacer mella : ***ici, avoir peu d'effet***

[2]Impulsar : ***stimuler***

[3]Entretenerse : ***se distraire***

1 VOCABULARIO

Traduzca las palabras siguientes.

el uso (l2)	llevar (l11)	matar (l18)
mientras (l4)	crecer (l13)	esperar (l20)
poner de manifiesto (l8)	la hora siguiente (l14)	la tasa (l25)
las compras compulsivas (l9)	soler (l16)	el auge (l26)

2 COMPRENSIÓN

a. Presente el documento en español.

b. Proponga (proposez) dos partes sobre este documento.

3 TRADUCCIÓN

Traduzca al francés el primer párrafo (« La crisis ... en metro. »)

4 EXPRESIÓN

a. ¿ Suele comprar con el móvil ? Justifique.

b. ¿ Suele usar mucho el móvil ? Justifique.

À RETENIR

- Devant un pourcentage, il faut toujours utiliser un article défini ou indéfini.

> UN 68 % de los internautas...

- Différences
  - ésta (l5) : *celle-ci*
  - esta : *cette*
  - está : *est* (verbe estar à la 3e personne du présent de l'indicatif)

DOCUMENTO N°2

Source : Expansión, 05/01/2012

Más horas de compra para los clientes

Las rebajas ya no son lo que eran, pero aun así siguen siendo un buen reclamo[1] y un incentivo[2] para el consumidor. En los últimos cuatro años, la campaña oficial de rebajas ha perdido atractivo por la política de descuentos previos de hasta el 50%, algunos hasta casi dos meses antes de la fecha oficial.

A este tipo de fórmula han sucumbido casi todos los operadores pero dos de los grandes siguen fieles a la tradición : Inditex y El Corte Inglés, aunque muchas de las marcas que se venden en los grandes almacenes ya se han sumado a los descuentos previos.

Tras el éxito de una iniciativa llevada a cabo por Stradivarius, las principales tiendas de Zara, Massimo Dutti, Berhska, Oysho, Uterqüe y Stradivarius adelantarán una hora su apertura el 7 de enero, al caer el inicio de las rebajas en sábado, por lo que se prevé una mayor afluencia de público.

El Corte Inglés también ha apostado por[3] esta fórmula y así, el grupo de grandes almacenes abrirá muchos de sus centros a las nueve en lugar de a las diez de la mañana. Con esta decisión quieren ofrecer más tiempo para comprar a sus clientes en una primera jornada de rebajas en sábado.

A pesar de la crisis económica y de la contracción de gasto, las grandes superficies esperan una buena campaña de rebajas de invierno, con un alza de las ventas del 3% y una afluencia de más de ocho millones de clientes el primer fin de semana, según las previsiones de la Asociación nacional de Grandes Empresas de Distribución

(ANGED).

La Asociación de Comercio Textil y Complementos[4] (ACOTEX) también se muestra optimista. Prevé en esta campaña de rebajas un aumento de las ventas del 6%, tras cuatro años de descensos. Según sus estimaciones, cada español gastará 90 euros por habitante en ropa y complementos. En esta temporada de rebajas de invierno, las tiendas de ropa prevén alcanzar 3.600 millones de euros de facturación, un 20% de la facturación anual.

[1]Un reclamo : ***une publicité***

[2]Un incentivo : ***une incitation***

[3]Apostar por : ***miser sur***

[4]Los complementos : ***les accessoires***

1 VOCABULARIO

Recherchez dans le texte la traduction des mots suivants. Attention, ils sont mélangés !

au préalable	dépenser	atteindre
une hausse des ventes	fidèle	au lieu de
le chiffre d'affaire	un rabais	
les soldes	prévoir	

2 EXPRESIÓN

a. Explique lo quiere decir el periodista cuando escribe « las rebajas ya no son lo que eran » (L1). ¿Está usted de acuerdo con esta afirmación ? Justifique.

b. ¿Cómo se definiría usted durante (pendant) los períodos de rebajas : un consumidor impulsivo o más bien pensativo ?

À RETENIR

- Seguir + verbe au gérondif = *continuer + Verbe à l'infinitif*

> Sigue siendo (L1) : *continue d'être*

- Le passé composé se forme avec **haber** conjugué au présent + participe passé en **-ido** ou **-ado**.

> Ha perdido / Han sucumbido / Se han sumado

Attention le participe passé est toujours invariable !

Quelques irréguliers : Escribir > escrito / Poner > puesto / Hacer > hecho / Etc.

DOCUMENTO N°3

Source : La Vanguardia, 27/01/2015

El consumidor rebelde, un nuevo perfil nacido con la crisis

¿Compra productos de segunda mano y opta por el consumo colaborativo? ¿Recela de las marcas convencionales y se ha lanzado a las redes de trueque[1] ? Quizá no lo sepa, pero probablemente se ha convertido en ese 25% de los ciudadanos que a raíz de la crisis le ha pedido el divorcio a las grandes empresas.

Un estudio elaborado por la consultora MyWord, Mikroscopia 2015, revela que uno de cada cuatro ciudadanos españoles siente aversión por las grandes empresas y las corporaciones debido a la recesión. Un rechazo[2] que no responde tanto al tipo de productos o servicios que proporcionan estas firmas, sino al rol social que desempeñan en un período de turbulencias económicas como el actual. El ciudadano culpabiliza a las grandes compañías de su situación y, por extensión también pone en cuarentena el sistema capitalista.

Lo que no hace el consumidor rebelde es tirar la toalla[3].« En vez de resignarse o volverse un consumidor pasivo busca soluciones dentro de la propia sociedad ». En el ámbito económico, el efecto más evidente del divorcio entre clientes y empresas es el aumento de nuevas prácticas de consumo. Trueques, compras colectivas, intercambios, bancos del tiempo o compras y ventas de productos de segunda mano son algunas de las tendencias emergentes que se identifican en el estudio.

Hay un cambio de mentalidades y este cambio implica que podamos tener cada vez más consumidores que prefieran el intercambio de productos porque consideren que es mejor. Similar argumento da Albert Banal, profesor del departamento de Economía y Empresa de la Universitat Pompeu Fabra (UPF) al hablar de prácticas de consumo colaborativo en auge[4], en concreto, de los sistemas para compartir coche o el alquiler de habitaciones. Es fácil reconocer que en muchos hogares españoles prima desde hace tiempo la « economía de guerra ».

[1]Trueque : sistema de intercambio de objetos o servicios

[2]Rechazo : *refus*

[3]Tirar la toalla : *jeter l'éponge*

[4]Auge : *en hausse*

1 COMPRENSIÓN

a. Traduzca al español las palabras siguientes (están mezcladas en el texto : *elles sont mélangées dans le texte*).

peut-être	d'occasion	un changement	la location
craindre	un foyer	rebelle	le domaine
partager	suite à		

b. Faites un compte-rendu en français du document (130 mots + ou – 10%).

2 EXPRESIÓN

a. Explique lo que quiere decir el autor cuando escribe « se ha convertido en ese 25% de los ciudadanos que a raíz de la crisis le ha pedido el divorcio a las grandes empresas ».

b. En su opinión, ¿cómo se podría explicar el cambio de mentalidad en cuanto a la manera de consumir ?

c. Diga cuáles son las ventajas y los inconvenientes de comprar productos de segunda mano. Conteste en unas 150 palabras.

À RETENIR

- Quizás + Subjonctif présent

> Quizás sepa hacerlo : ***peut-être sait-il le faire***

> Quizás vayamos de compras : ***peut-être irons-nous faire des courses***

- Dans les phrases de type **-ser + Adjectif + verbe** il n'y a jamais de préposition « de » entre l'adjectif et le verbe (contrairement au français)

> Es fácil reconocer... : ***il est facile de reconnaître...***

> Es Importante saber... : ***il est important de savoir***

DOCUMENTO N°4

Source : Adaptado de cnnexpansión.com, 09/2011

¿Cómo y en qué gastan los jóvenes ?

La incorporación de niños y adolescentes al circuito del consumo de productos básicos y de artículos de tecnología moderna ha resultado un negocio redondo. Los adolescentes, de entre 12 a 19 años, y los llamados twins (« gemelos » en inglés, para referirse a los niños de 8 a 12 años que quieren parecerse al hermano mayor) se están convirtiendo en los grandes consumidores y generan un mercado sólido para todas las empresas. Las marcas forman parte de un nuevo lenguaje que identifica a los adolescentes entre ellos, y quien no lo domina corre el riesgo de ser excluido de los grupos. Los adolescentes tienen un Apple, Starbucks, Sony y Xbox como sus marcas preferidas. El estudio también revela que los adolescentes cada vez realizan más compras de impulso. Lupita cuenta que, desde los 13 años, su hija Karina empezó a definir el tipo de ropa que quería usar. Su influencia en la adquisición de los alimentos empezó a notarse : « implicó un incremento en el gasto, por los productos light », refiere la mamá, de 45 años.

http://fantasticoblogapf.blogspot.fr/2013_09_01_archive.html

La joven usa celular desde segundo de secundaria y cambia de modelo dos veces año. Espera que le compren un celular Sony, de 5.200 pesos (= 300 euros), pero eso sí, siempre utiliza el esquema de prepago. Sólo » le dan 150 pesos (= 8.50 euros) mensuales y si gasta más, ella pone el resto. La psicóloga explica que el ambiente social y una falta de educación familiar inciden en dinámica consumista de niños y adolescentes. Se considera que la cura contra la demanda sin medida y el consumismo de los jóvenes es hacerlos conscientes de lo que pueden comprar. La comunicación es lo que les permite ubicarse en su realidad socioeconómica.

1 COMPRENSIÓN

a. Explique lo que son los Twins.

b. ¿Qué tipos de productos a Lupita le gusta consumir ?

2 EXPRESIÓN

a. ¿Piensa usted que el documento iconográfico ilustra bastante bien el texto ?

b. ¿Qué problemas puede causar esta forma de consumir ?

À RETENIR

- Correr el riesgo de : ***courir le risque de***
- Esperar que + subjonctif

> Espera que le compren un celular

- Permitir (pas de préposition contrairement au français)

> La comunicación es lo que les permite ubicarse en su realidad socioeconómica

¡RECUERDE ! VOCABULARIO

Adelantar : avancer
Ahorrar **:** économiser/épargner
Ahorro : épargne
Almacén : grand magasin
Apostar por : miser sur
Aumentar : augmenter
Aumento **:** augmentation
Artículo **:** article
Barato : bon marché
Cambiar : changer
Cambio **:** changement
Caro : cher
Ciudadano : citoyen
Cliente **:** client
Clientela : clientèle
Comprador **:** acheteur
Consumidor **:** consommateur
Consumir : consommer
Consumo : consommation
Crisis **:** crise
De segunda mano : d'occasion
Descuento : rabais
Fidel : fidèle
Gastar **:** gaspiller ou dépenser
Hogar : foyer
Impulsivo : impulsif
Llevar a cabo : mener à bien
Marca : marque
Mentalidad : mentalité
Negocio **:** affaire
Pagar : payer
Pago : paiement
Período (un) : période
Planeta (el) : planète
Poder adquisitivo : pouvoir d'achat
Producto **:** produit
Rebajas **:** soldes
Sistema (un) : système
Supermercado : un supermarché
Sociedad de consumo : société de consommation
Temporada : saison
Tienda : boutique
Trueque **:** troc
Uso : utilisation

CHAPITRE 5

LA SITUACIÓN DEL MERCADO LABORAL

Europa press Madrid, 07/01/2016

El paro repite como el principal problema nacional al ser citado en el 79,8% de los cuestionarios, 2,3 puntos por encima de su registro de noviembre y apenas cuatro décimas por encima del 79,4% que se anotó en enero de 2015.

DOCUMENTO N°1

Source : El País, 28/01/2014

Con un empleo, no basta

Más de 1.200.000 personas ocupadas buscan otro trabajo. Uno de cada tres aceptaría cualquier tipo de jornada.

A Angela López un solo trabajo apenas le da para pagar el alquiler. Lo cuenta durante el trayecto que cada día recorre para ir de una oficina a otra, trotando por las escaleras mecánicas del metro, saltando de una línea de autobús a la siguiente. Con su puesto de venta por teléfono de las mañanas no llegaría a fin de mes. En el de la tarde, también de telefonista, pero para una empresa de seguros, no quieren ampliarle la jornada. Tener dos trabajos en un país en el que el 26% de la población ni siquiera tiene uno puede parecer extraño. Pero para Angela es una cuestión de necesidad.

Como ella, alrededor de 360.000 españoles compaginan dos empleos -36.000 más que en 2012 -, y más de 1.200.000 personas ocupadas buscan otro trabajo. De estos, uno de cada tres aceptaría cualquier trabajo, ya fuera a tiempo parcial o a tiempo completo.

La razón es simple : en cada uno de sus empleos Angela obtiene alrededor de 600 euros. Sin uno de los dos nunca hubiera llegado a ser mileurista, una etiqueta que exhibe con orgullo sabiendo que para muchos es prácticamente una utopía. Cuando el término empezó a utilizarse, allá por 2005, era sinónimo de precariedad. « El mileurista no ahorra, no tiene casa, no tiene coche, no tiene hijos, vive al día », describía la inventora de la palabra en una carta al director del diario EL PAIS. Dos años más tarde, Comisiones Obreras denunciaba que la mitad de los asalariados madrileños no llegaba a los 1000 euros al mes.

Angela no lucirá el galón de mileurista por mucho tiempo : hoy es su último día en el empleo de la tarde. « Cuando era pequeña, en los juegos estos de cuándo te casarías y cuándo tendrías hijos, siempre pensaba que a los 27 llevaría una vida estable. ¡ Y tengo 29 !.

1 COMPRENSIÓN

a. Traduzca al francés las palabras siguientes.

apenas	los seguros	el término	la mitad
el alquiler	la población	empezar	un asalariado
un puesto	alrededor de	ahorrar	

b. En français, expliquer ce que veut dire le mot « mileurista ».

c. ¿Por qué Angela López necesita dos trabajos ?

2 EXPRESIÓN

a. Explique la frase siguiente: « cuando era pequeña, en los juegos estos de cuándo te casarías y cuándo tendrías hijos, siempre pensaba que a los 27 llevaría una vida estable. ¡Y tengo 29 ! ». ¿En qué medida esta frase es contradictoria a la situación actual de Angela Lopez ?

b. Al igual que (tout comme) muchos españoles, aceptaría usted cualquier trabajo ?

À RETENIR

- Uno de cada tres : *un sur trois*
- Les négations :

Ni siquiera : ***même pas*** / Sin : ***sans*** / Nunca : ***jamais***

DOCUMENTO N°2

Source : Celeste López, www.lavanguardia.com

Casi el 70% de los jóvenes está dispuesto a emigrar por la falta de trabajo

No hay salida. No hay trabajo para tantos desempleados, sobre todo para los jóvenes a los que directamente está golpeando la crisis económica (más del 45% de los parados son jóvenes). Y eso, que es la generación más preparada. Nunca antes había tenido España una juventud con un porcentaje tan alto de estudios superiores – el 39 % de los españoles entre 25 y 35 años tiene un título universitario o de FP de grado superior ; en la Unión Europea (UE) de los 19 se sitúa en el 34%-... Pero parece que esto no será suficiente para encontrar trabajo a corto plazo y, encima, que sea digno. Según las previsiones de la OCDE, se tardará unos 15 años en reducir la tasa de paro a los niveles anteriores al 2008. ¿Qué hacer entonces ? La juventud española lo tiene claro : el 68% quiere marcharse al extranjero, bien por un tiempo determinado (36%) o sin perspectivas de regreso (32%), el caso es marcharse y buscar una salida laboral digna. Así lo pone de manifiesto la encuesta del Eurobarómetro sobre la movilidad juvenil publicada este mes, a partir del resultado de entrevistas telefónicas realizadas entre el 26 de enero y el 4 de febrero pasado a 57.000 jóvenes de entre 15 y 35 años, de los 27 países de la UE, además de Croacia, Islandia, Noruega y Turquía.

De este estudio, se desprende que España se encuentra entre los seis países con un mayor porcentaje de población joven que expresa su deseo de coger las maletas e iniciar una nueva etapa en otro país, bien sea para ampliar los estudios o para encontrar trabajo.

Las causas que esgrimen para irse son las conocidas : el desempleo juvenil de sus países de origen, la falta de perspectivas vitales y la necesidad de ampliar conocimientos, incluidos los idiomas... ¿Cuál es el perfil del que se plantea un futuro más allá de sus fronteras nacionales ? Varones (56%), menores de 19 años (63%) y entre 30 y 35 años (42%), que viven en áreas urbanas (62%) y con estudios superiores (55%).

« La crisis ha hecho cambiar muchos conceptos. Uno de ellos es que ya no se busca un trabajo maravilloso para tener dinero, ahora sencillamente el fin es encontrar trabajo. Y, además, que el horizonte del mercado laboral ya no es tu propia ciudad o tu comunidad, sino Europa o el resto del mundo. Todo se ha globalizado », señala Eusebio Megías, director técnico de la Fundación de Zyuda contra la Drogadicción (FAB) y responsable de numerosos estudios sociológicos sobre la sociedad actual y la juventud. Un estudio realizado por la consultora PWC apunta que el porcentaje de jóvenes españoles que trabajará en el extranjero se incrementará en el 2050 por efecto de la globalización del comercio, la tecnología, el capital y la regulación, que favorecen la movilidad.

El informe indica que entre los jóvenes nacidos a partir de 1980 el 82 % ha expresado su deseo de trabajar fuera de España y un 70% se muestra convencido de que utilizará una lengua no nativa en el trabajo.

1 COMPRENSIÓN

a. Proponga otro título para este documento.

b. Explique cuál es el tema general de este texto.

c. ¿Dentro de (dans) cuánto tiempo el paro volverá a la misma situación que 2008 ?

d. Busque en el documento las razones por las cuales los jóvenes se van de su país.

2 EXPRESIÓN

a. Explique lo que quiere decir el periodista cuando dice que « es la generación más preparada ».

b. Diga si a usted le gustaría más tarde trabajar en el extranjero. (unas 100 palabras)

c. Diga si está de acuerdo con esta afirmación « ya no se busca un trabajo maravilloso para tener dinero, ahora sencillamente el fin es encontrar trabajo. »

À RETENIR

- Devant un mot commençant par « i » ou « hi » le Y (qui a le sens de « et » en français) devient « e ».

> Hay que « coger las maletas e iniciar una nueva etapa en otro país »

- Tanto devient tan devant un adjectif

> Nunca antes había tenido España una juventud con un porcentaje tan alto de estudios superiores

DOCUMENTO N°3 : ENTRAÎNEMENT ORAL - VIDÉO

www.youtube.com/watch?v=fiv-XMKCP_M

Visionnez le document vidéo avec le lien ci-dessus et répondez aux questions suivantes :

1. Presente el documento

2. ¿Cuál es el tema del documento ?

3. ¿Cuál es el lema (le slogan) propuesto por la movilización?

4. Diga por qué razón el hombre joven entrevistado se fue de España.

5. ¿Cómo la primera joven entrevistada califica la sociedad ?

6. ¿A cuánto se eleva el porcentaje de jóvenes desempleados en Cataluña ?

7. ¿Cuál es la palabra que une los que trabajan ?

8. ¿Cuáles son los dos tipos de exilios mencionados en el documento vídeo ?
9. ¿Quién es la generación más preparada ?
10. ¿Qué tipo de contrato laboral tiene la segunda joven entrevistada ?
11. ¿Por qué razones está indignada ?
12. ¿Qué denuncian las movilizaciones convocadas por la plataforma juventud ?
13. ¿ Cómo se llama el movimiento por el cual actuó juventud sin futuro ?
14. ¿Dónde se reúnen las personas que vemos protestando en el documento ?
15. ¿En qué consiste su protesta ?
16. Proponga una conclusión.

¡RECUERDE ! VOCABULARIO

A corto plazo : à court terme
Bastante : assez
Bastar : suffire
Condiciones laborales : conditions de travail
Contrato definido : CDD
Contrato indefinido : CDI
Contrato basura : un contrat « pourri » (donc très très précaire, mal payé, etc.)
Crecimiento : la croissance
Crisis económica / financiera : crise économique / financière
Desempleo : chômage
Desempleado : chômeur
Distinto : différent/divers
Emigrar : émigrer
Empleo precario : emploi précaire
En contra de : contre
Europa : Europe
Europeo : européen
Extranjero : étranger
Falta de oportunidades : manque d'opportunité
Fuga de cerebros : fuite des cerveaux
Huida : fuite
Incertidumbre : incertitude
Iniciar : commencer
Juventud : jeunesse
Lema : slogan
Malas condiciones laborales : mauvaises conditions de travail
Mantener : maintenir
Marcharse : partir
Media : la moyenne
Mejora salarial : amélioration de salaire
Mercado laboral : marché du travail
Mileurista (un) : personne qui gagne pas plus de 1 000 euros par mois
Mitad : moitié
Movilidad : mobilité
Mudanza : déménagement
Mudar : déménager
Paro : chômage
Parado : chômeur
Población : population
Precariedad : précarité
Recuperación : reprise économique
Suerte : chance
Tasa : taux (***tasa de desempleo***)

CHAPITRE 6
LAS MARCAS

DOCUMENT N°1

Complete las frases siguiendo el ejemplo y con las palabras siguientes.

~~japonesa~~	ropa	~~motos~~	sueca
colombiana	francesa	inglesa	danesa
neumáticos	estadunidense	mexicana (x2)	aceite
juguetes	cerveza	pastas	galletas
española (x3)	relojes	petróleos	móviles
muebles	suiza	ecuatoriana	comida rápida
caramelos	finlandesa	coches	

- Yamaha es una marca japonesa de motos
- Chupa chups es una marca .... de ....
- Corona extra es una marca .... de ....
- Desigual es una marca .... de ....
- Nokia es una marca .... de ....
- Noel es una marca..................... de ....
- Ikea es una marca .... de ....
- Pemex es una marca .... de ....
- Swatch es una marca .... de ....
- Burger King es una marca .... de ....
- Lego es una marca .... de ....
- Girasol es una marca .... de ....
- Firestone es una marca ....de ....
- Jaguar es una marca ....de........................
- Panzani es una marca...............................de ....

DOCUMENT N°2

Source : Jaime Velasco, Actualidad Económica, 20/05/2002

La magia del Marketing

Como sabe cualquiera que tenga en sus manos la responsabilidad de una empresa, un negocio o un departamento, estos son tiempos duros para vender.

Cuando el tirón del consumo flaquea[1], es hora de agudizar[2] el ingenio[3], invertir en mejorar aún más el producto y poner a trabajar todos los recursos de la compleja ciencia del márketing.

Eso es, precisamente, lo que han hecho en los últimos tres años empresas como Camper, Vodafone-Airtel, Dell Computer, Mango, Fnac, los cinco nombres que lideran el ranking de crecimiento de ventas entre los años 1998 y 2000.

Detrás de sus espectaculares datos, que en varios casos superan el cien por cien de crecimiento en tres ejercicios, hay desplegadas[4] otras tantas estrategias de márketing ganadoras, con una capacidad demostrada de atraer a los consumidores frente a las ofertas de la competencia. Y, en la trastienda del diseño de esas estrategias, están los directores de márketing para quienes hemos acuñado el término de Magos[5] de las Ventas.

¿Qué tienen en común estos cinco Magos de las Ventas ? Para empezar, todos demuestran una fe ciega en sus productos, y un olfato especial para saber qué busca el comprador cuando demanda un producto o servicio. También necesitan guardar un equilibrio bien calibrado entre lo que sus empresas invierten en márketing y el incremento de ventas conseguido : la cuenta de resultados de sus compañías está, en gran medida, en sus manos.

Para conseguir esos objetivos, los expertos en márketing cuentan con herramientas cada vez más sofisticadas : técnicas como la segmentación publicitaria, en busca del mayor impacto posible, o las estrategias para posicionar y cuidar una marca forman parte del día a día de los mejores ejecutivos de márketing.

El arte de vender es, cada vez más, la vía más segura hacia el beneficio.

[1]Cuando el tirón del consumo flaquea : ***quand la consommation devient moins attractive***

[2]Agudizar : ***accentuer***

[3]El ingenio : ***le génie***

[4]Desplegar : ***déployer***

[5]Mago : ***magicien / mage***

1 COMPRENSIÓN

Faites un compte-rendu en français du texte (150 mots + ou – 10%).

2 EXPRESIÓN

a. ¿Qué factores pueden explicar que actualmente son tiempos duros para vender ? (100 palabras)

b. Para usted, ¿cuál podría ser el perfil del ejecutivo (chef d'entreprise) ideal. (100 palabras)

À RETENIR

- Necesitar : *avoir besoin de*

En espagnol, on ne met pas de préposition après le verbe necesitar.

> Necesitan guardar un equilibrio bien calibrado

- Cada vez más : de plus en plus

DOCUMENT N°3

Source : Adaptado de el confidencial.com, 05/05/2014

Desigual sale de China dos años después de instalarse en el gigante asiático

La Gran Muralla china ha resultado demasiado alta para Desigual. La empresa que preside Thomas Meyer ha optado por cerrar sus dos tiendas y retirarse de ese país.

Tienda de Desigual en Tokio (Efe)

La Gran Muralla china ha resultado demasiado alta para Desigual. La empresa que preside Thomas Meyer ha optado por cerrar sus dos tiendas en la China continental y retirarse de ese país para centrarse en otros mercados de Asia, como Japón y Singapur.

La compañía venderá en China, pero sólo con corners en centros comerciales y a través de internet.

Uno de los problemas de crecer comercialmente en China es lo elevado de los alquileres y las dificultades para tener grandes tiendas, dos factores que han frenado el crecimiento en el país del grupo que preside Thomas Meyer.

Desigual llegó a Asia en 2006, cuando abrió su primera tienda en Singapur. Era la primera vez que salía fuera de España. Mientras que en este país y en Japón la experiencia ha sido positiva, en China no tanto.

Según explican fuentes del sector, se da la circunstancia paradójica de que buena parte de la ropa que vende Desigual proviene de China, uno de sus principales países de producción, junto con India y Marruecos. Es decir, la compañía no consigue vender en uno de los países en el que más suele comprar.

De los 24 puntos de venta que tiene Desigual en Asia y Oceanía, una decena están en Japón y siete en Singapur. En ambos países, la marca ha tenido una buena acogida, pero por tamaño es en el mercado nipón donde cuenta con margen para crecer y expandirse tanto como pretende el fondo de capital riesgo galo Eurazeo. Los franceses quieren que Desigual doble su tamaño para que puedan sacarlo a bolsa, igual que han hecho con otras inversiones de moda anteriores.

El grupo, en cambio, es muy fuerte en Europa, en especial en Francia, que se encuentra muy cerca de superar a España en volumen de ventas. Las ventas de Francia ya son el 20% del grupo y las que se registran en España suponen el 31% de la facturación, según la información hecha pública por Eurazeo tras su adquisición.

Desigual está presidida por Thomas Meyer y es, en este momento, la marca de moda revelación en España. Facturó 828 millones en 2013.

1 VOCABULARIO

Traduzca al francés las palabras siguientes.

cerrar (l2)
crecer (l12)
un alquiler (l13)
la ropa (l19)
conseguir (l20)
en ambos países (l23)
una acogida (l24)
el tamaño (l24)
superar (l29)

2 COMPRENSIÓN

a. ¿Quién está a la cabeza de Desigual ?

b. Cite algunos países donde está presente Desigual

c. ¿Cuál es el país donde va a retirarse ?

d. ¿Dónde se fabrican la mayor parte de la ropa de Desigual ?

e. Diga cuales son las dos principales dificultades que encontró Desigual en China.

3 EJERCICIO

a. Relevez dans le texte les verbes conjugués à l'imparfait de l'indicatif

b. Mettez les verbes de ces phrases à l'imparfait de l'indicatif :

« Según explican fuentes del sector, se da la circunstancia paradójica de que buena parte de la ropa que vende Desigual proviene de China, uno de sus principales países de producción, junto con India y Marruecos. Es decir, la compañía no consigue vender en uno de los países en el que más suele comprar. »

À RETENIR

Formation de l'imparfait de l'indicatif

- Verbes en -ar :

Base verbale + aba - abas - aba - ábamos - abais - aban

- Verbes en -er / -ir :

Base verbale + ía - ías - ía - íamos - íais - ían

Il n'y a **que 3 verbes irréguliers à l'imparfait de l'indicatif : Ser - Ir - Ver**
(voir tableaux des conjugaisons partie 6 du manuel)

- Demasiado : *trop*

Devant un adjectif il ne s'accorde pas > Demasiado alto
Mais devant un nom, on l'accorde en genre et en nombre :
> Hay demasiadas chicas
> Hay demasiada demanda

DOCUMENT N°4 : VIDÉO - ENTRAÎNEMENT ORAL

www.dailymotion.com/video/x2obh2z_grandes-marcas-espanolas-en-china-icex_news

Visionnez le document vidéo avec le lien ci-dessus et répondez aux questions suivantes.

Conseil : visionnez-la en plusieurs fois afin de pouvoir répondre à toutes les questions (elle dure 10:45min). Les réponses aux questions sont dans l'ordre de la vidéo.

1 PRIMERA PARTE (JUSQU'À 1:32 MIN)

1. ¿Por qué las marcas son importantes ?

2. ¿Dónde están presentes muchas empresas españolas de relevancia internacional ?

3. ¿Cómo está considerada España con estas marcas ?

4. ¿Desde cuánto tiempo España es miembro de la UE ?

5. ¿Cuál es su posición a nivel de la economía mundial ?

6. Complete la frase : su posición .... convierten a España en ....

7. ¿Cuál es su posición a nivel turístico ?

8. ¿Cuáles son las cualidades del Made in Spain?

2 SEGUNDA PARTE (JUSQU'À 2:50MIN)

1. Cite los productos españoles que han conquistado muchos paladares exigentes.

2. ¿De qué alimento España es productor mundial ?

3. ¿Cuál es el producto que se comercializará dentro de algunos años en China ?

4. ¿Quién es Ferrán Adriá ?

3 TERCERA PARTE (JUSQU'À 4:26 MIN)

1. ¿Qué descripción se nos da del sector de la moda ?

2. ¿Cuál es la tienda líder a nivel global ?

3. Cite marcas españolas que tienen un buen posicionamiento en el sector de la moda ?

4 CUARTA PARTE (JUSQU'À 6:12 MIN)

1. ¿Cuántos turistas visitaron España ?

2. Diga lo que atrae a los turistas.

3. ¿Verdadero o falso ? El deporte no es importante para los españoles

4. Cite equipos famosos de fútbol español.

5. Cite algunos deportes importantes en España.

6. ¿Cuál es el almacén que tiene un papel relevante en el ocio ?

7. Cite una marca importante en el sector del juguete.

5 QUINTA PARTE (JUSQU'À 7:28 MIN)

1. ¿ En qué sector Mapfre es líder ?

2. Cite los 3 bancos españoles más importantes.

3. ¿Qué es telefónica ? ¿Cuántos clientes tienen ?

4. ¿Qué son ESADE – IESE – Instituto de Empresas ?

6 SEXTA PARTE (JUSQU'À LA FIN)

1. ¿En qué dominio España es líder mundial ?

2. Complete la frase : ...... es otra técnica que España desarrolla y lidera desde hace más de 40 años.

3. ¿Qué tipos de infraestructuras tiene España ?

4. ¿Qué hace Indra ?

5. ¿Cuál es la posición de España a nivel de la automoción ?

6. ¿Qué productos propone la empresa Ibiza ?

7. ¿Gracias a qué España refuerza sus buenas relaciones con China ?

¡RECUERDE! VOCABULARIO

Beneficio **:** bénéfice
Compañía : compagnie, société
Complejo : complexe
Crecimiento : croissance
Competir **:** concurrencer
Cuota de mercado **:** part du marché
Demanda : demande
Fe ciega : foi aveugle
Fidelidad **:** fidelité
Fidelizar al cliente **:** fidéliser le client
Frenar **:** freiner
Gama : une gamme
Herramienta **:** outil
Invertir : investir
Inversión : investissement
Lanzamiento : lancement
Liderar : être à la tête de
Marca **:** marque
Marca de lujo : marque de luxe
Margen (un) **:** une marge
Márketing : marketing
Meta : but/objectif
Negocio : affaire
Oferta **:** offre
Optar por : opter pour
Recursos **:** ressources
Sector : secteur
Talla : taille (d'un vêtement)
Tamaño : taille (d'une entreprise)

CHAPITRE 7

EL MEDIO AMBIENTE

www.pinterest.com, 17/04/2013

DOCUMENTO N°1

Source : Cincodías.com, Zaragoza, 27/08/2010

Luces ecológicas para salvar el planeta

Par Arturo Cenzano

La ecología está de moda y la industria de la iluminación no escapa a esta corriente que inunda en los últimos años todos los aspectos de la vida. IluysionLighting responde a las profundas convicciones ecológicas de dos emprendedores : Daniel Bel y Juan Martínez. Además de la satisfacción de plasmar esta impronta[1] en productos innovadores, su iniciativa empresarial se ha visto premiada con una creciente aceptación en el mercado.

Ilusyon (acrónimo de Iluminación Sostenible y de Orientación Natural) aplica el ecodiseño en luminarias que vende actualmente en 19 países. A diferencia de otros fabricantes, cuyos productos inciden, por ejemplo, únicamente en el bajo consumo y no contemplan los problemas de reciclaje que pueden originar los aparatos cuando finaliza su vida útil y dejan de funcionar, la compañía zaragozana parte de una exigencia integral.

Ello implica desde la selección de materiales al empleo de las técnicas productivas menos lesivas[2] para el medio ambiente. Todo ello, combinado con diseños atractivos y las últimas tecnologías, como los diodos LED.

La iluminación constituye una fuente de contaminación. Sin embargo, un espacio oscuro resulta insoportablemente triste. Daniel Bel, director general de la empresa, subraya : « Nuestro objetivo es iluminar sin contaminar y que, a la vez, este planteamiento en verde genere productos estéticamente atractivos ». A esta ecológica concepción responde, por ejemplo, el Paluco, una lámpara hecha de chapa de bambú, protegida por barniz al agua y bautizada con el nombre de un dulce típico de Cantabria. « Nuestros clientes mayoritarios están en el sector comercial y en el exterior », señala Juan Martínez, socio de Ilusyon. Añade que « se trata de una iluminación muy rentable, ya que la diferencia en la inversión inicial, se ve compensada sobradamente por la mayor duración de las luminarias y el ahorro en el consumo ». Como todos los innovadores, los creadores de la firma aragonesa tropiezan con los problemas que origina el desconocimiento de las ventajas de productos nuevos y originales. « Eso explica, en parte, el éxito de ventas en el exterior, sobre todo en países donde existe una concienciación ambiental elevada », señala el director general de la compañía.

Para Juan Martínez, « el precio barato inicial suele resultar muy caro en iluminación. Claro que hay que pagar algo más y ser rigurosos en los sistemas de instalación, pero este sobreprecio inicial se recupera. Además, está el compromiso al que todos estamos obligados para vivir en un planeta sano y legarlo mejorado a las generaciones futuras ».

Ilusyon desarrolla activamente estos principios ecológicos a través de su propia web (www.ilusyon.es) y las redes sociales, como Facebook, donde mantienen un diálogo fluido con sus clientes y promocionan clubs de fans del medio ambiente.

Las luminarias ecológicas de Ilusyon están ya en los más variados entornos. Han alumbrado todo el Shapire, en Kuwait, salones de plenos de Ayuntamientos o las instalaciones de la Biblioteca de Aragón. « Pero nuestro objetivo va más allá. Intentamos que la iluminación ecológica esté presente en la vida cotidiana, como algo natural y beneficiosa para la vida del planeta», subrayan los creadores de la empresa.

Daniel Bel y Juan Martínez creen que la ecología no está reñida con la estética, sino todo lo contrario. Por eso cuidan especialmente el diseño de sus luminarias. Entre sus iniciativas está una gama de iluminación desarrollada por el estudio londinense 7Goods y colaboran con la Asociación de Artesanos de Aragón en el marco del Plan Ardi (Artesanía y Diseño).

[1]Plasmar esta impronta : ***concrétiser ce concept***

[2]Lesivas : ***nuisibles***

1 COMPRENSIÓN

Faites un compte-rendu en français du texte (180 mots + ou – 10%).

2 EXPRESIÓN

¿Cuáles son las ventajas y los inconvenientes de la "moda ecológica" para empresas como Ilusyon?

(250 palabras + ou – 10%)

À RETENIR

- *Cuyo, cuya, cuyos, cuyas* : dont. **Accord en genre et en nombre avec le mot qui suit.**

> *A diferencia de otros fabricantes cuyos productos inciden únicamente en el bajo consumo.*

- *Un planeta* : mot toujours au masculin en espagnol donc l'adjectif qui suit sera aussi au masculin

> *Un planetasano*

- *Estar de moda* : être à la mode

DOCUMENTO N°2

Source : Sevilla EL PAIS, 03/02/2016

Moda sostenible contra consumo rápido

Par Ángeles Lucas

La lucha de los implicados en la moda sostenible es titánica contra un sector marcado por el consumo rápido, el abuso de los recursos naturales y la explotación de las personas, pero la conciencia por lucirropa[1] responsable avanza en España. « En el último año ha sido increíble. Ha habido un cambio muy sustancial. Nos hemos adentrado en la industria y el negocio », asegura Gema Gómez, directora de Slowfashionnext, una plataforma de moda sostenible referente en el sector.

Tras una preciosa y delicada prenda[2] se puede ocultar un taller clandestino de jornadas interminables y salarios mínimos; tras la vida de una camiseta de algodón, cerca de 2 500 litros de agua; tras el desgastado[3] de un pantalón vaquero, la muerte por enfermedad de pulmón. « No podemos seguir con el ritmo de consumo de ropa de usar y tirar. En la conocida como slowfashion (moda lenta), se garantiza que los sueldos son dignos, que se cumplen criterios medioambientales, que los tejidos son de calidad... », ejemplifica Gómez, que señala que cada español tira ocho kilos de ropa al año.

La luz que entra por los ventanales[4] del taller Occhiena, ubicado en el Polígono Sur de Sevilla, una zona desfavorecida de la ciudad, facilita que una decena de costureras que trabajan en él cosan de manera impecable.

También tienen ya encargada para la próxima temporada una colección de ropa interior realizada con algodón orgánico y bambú creada por la emprendedora zaragozana Lara San Gil, de 31 años. « Quería que la fabricación fuese responsable y ha costado mucho dar con[5] un taller en España que trabaje de forma ética », reconoce la joven desde Cambridge (Reino Unido), donde venderá la producción. "Es muy difícil competir con la economía sumergida.

[1]Lucirropa : ***porter des vêtements***

[2]Prenda : ***vêtement***

[3]Desgastado : ***technique de vieillissement d'un jean***

[4]Ventanales : ***baies vitrées***

[5]Dar con : ***trouver***

1 VOCABULARIO

Traduzca al francés las palabras siguientes

la moda sostenible (l1)
increíble (l4)
un cambio (l4)
tras (l7)
ocultar (l7)
un taller (l7)
el algodón (l8)
un tejido (l12)
tirar (l13)
la ropa (l14)
una costurera (l16)
la temporada (l18)
competir (l23)

2 COMPRENSIÓN

a. Explique en francés lo que es la « slowfashion »

b. ¿ Qué es el taller Occhiena?

3 EXPRESIÓN

¿Usted suele lucir ropa responsable? (Conteste en unas 100 palabras)

À RETENIR

- *Tras* : derrière
- Concordance des temps : ***Querer que* + subjonctif**

> *Quería* (imparfait de l'indicatif) *que la fabricación fuese* (subjonctif imparfait) *responsable*

DOCUMENTO N°3 : ENTRAÎNEMENT ORAL - VIDÉO

Oxfam denuncia que el cambio climático provocará la muerte de 4 millones de niños.

Visionnez le document ci-dessous et faites-en un compte-rendu en espagnol :

www.youtube.com/watch?v=n8ep3O9gNdQ

DOCUMENTO N°4

Source : Adaptado de ABC, agosto 2011

Paradores introduce la vinoterapia en sus productos

La red de Paradores de Turismo ha estrenado[1] una nueva línea de « amenities » (los pequeños artículos de aseo personal que se colocan en los cuartos de baño de los hoteles), elaborados siguiendo las técnicas de la vinoterapia. Es una nueva línea mucho más ecológica, moderna y natural que se incorporará a los establecimientos de cuatro y cinco estrellas. Se trata de una línea cosmética que aprovecha los principios activos de la uva y asegura una acción diaria revitalizante y regenerante gracias a las propiedades beneficiosas de elementos como polifenoles[2], que protegen la piel y evitan la pérdida de elasticidad y el envejecimiento temprano de la misma.

Además de cuidadosos con la piel, los nuevos productos también son ecológicos y contribuyen a preservar el medio ambiente. Así lo demuestra el prestigioso sello Ecolabel (ESCAT/030/002) otorgado a los mismos para garantizar un alto nivel medioambiental, según los criterios unificados de todos los estados miembros de la Unión Europea. El Ecolabel es un distintivo que permite promover productos o servicios que reducen los efectos medioambientales adversos[3] en comparación con otros productos o servicios más contaminantes de su misma categoría. En definitiva que contribuyan a su uso eficaz de los recursos naturales y a un elevado nivel de protección del medio ambiente.

El sello no sólo ha sido conseguido por mejorar el interior de los nuevos amenities, sino también el exterior. Los envases son asimismo ecológicos, fabricados con un alto porcentaje de plástico reciclado; los estuches de cartón proceden de bosques talados racionalmente y los envoltorios[4] son en su mayoría de papel, en lugar de plástico. Además, todos ellos son oxobiodegradables y se deterioran por sí mismos sin dejar apenas residuos en un tiempo menor que el resto.

La vinoterapia, un término que hace referencia a la fusión de las terapias alternativas y los beneficios terapeúticos del vino, nació hace escasos años[5] en Francia, en la región de Burdeos donde se concentran algunas de las bodegas y viñedos más antiguos de Europa, aprovechando el creciente interés demostrado por los consumidores hacia la cultura el vino, y consiguiendo extender los beneficios y el placer gastronómico aportado por este producto hasta técnicas de terapias para la salud.

[1]Estrenar : ***étrenner (débuter)***

[2]Polifenol : ***polyphénol (molécule ayant un rôle antioxydant naturel)***

[3]Adverso : ***défavorable / contraire***

[4]Envoltorio : ***paquet / emballage***

[5]Escasos años : ***il y a très peu de temps***

1 COMPRENSIÓN

a. ¿Cuál es el tema del documento?

b. Haga un resumen en francés de 5 o 6 líneas para explicar la idea de Paradores.

c. ¿Cuáles son las ventajas de esta nueva línea de cosméticos?

2 EXPRESIÓN

¿En qué medida esta nueva línea de cosméticos tiene porvenir?
(Conteste en unas 80 palabras)

3 EJERCICIOS

a. « La red de Paradores de Turismo ha estrenado una nueva línea de Amenities » ; « El sello no sólo ha sido conseguido por mejorar el interior... »

Dans les deux phrases suivantes, quel est le temps employé? Comment se forme t-il ?

b. *Retrouvez les verbes de cette phrase et conjuguez-les au même temps que celui de l'exercice précédent.*

« Además de cuidadosos con la piel, los nuevos productos también son ecológicos y contribuyen a preservar el medio ambiente. Así lo demuestra el prestigioso sello Ecolabel (ESCAT/030/002) otorgado a los mismos para garantizar un alto nivel medioambiental, según los criterios unificados de todos los estados miembros de la Unión Europea. »

À RETENIR

Asimismo : également / aussi
No sólo ... sino también
Aprovechar : profiter de (pas de préposition en espagnol)

¡RECUERDE ! VOCABULARIO

Alumbrar : illuminer
Basura : poubelle
Cambio climático : changement climatique
Carbono : carbone
Coche eléctrico : voiture électrique
Coche híbrido : voiture hybride
Contaminación : pollution
Contaminar : polluer
Convicción : conviction
Cumbre : sommet (réunion)
Echar : jeter
Ecodiseño : ecodesign
Ecología : écologie
Ecológico : écologique
Emisión de gases a efecto invernadero : émission de gas à effets de serre
Energía eólica : énergie éolienne
Energías limpias : énergies propres
Enfermedad : maladie
Envase : emballage
Estar de moda : être à la mode
Fauna : faune
Flora : flore
Moda sostenible
Medio ambiente : environnement
Panel fotovoltáico : panneau photovoltaïque
Planeta (el) : planète
Preservar : préserver
Reciclable : recyclable
Reciclar : recycler
Recursos naturales : ressources naturelles
Respetar : respecter
Respetuoso : respectueux
Salud : santé
Temperatura : température
Tirar : jeter

CHAPITRE 8
CREACIÓN DE EMPRESAS

www.chrono.geofp.com

DOCUMENTO N°1

Source : Actualidad Económica , 9-15/05/2008

Un sagaz visionario

Par Raquel Lánder

Recién montada la empresa, EnricBernat se recorría España bajo la mirada de la luna. El día era para vender el famoso caramelo con palito y no había un minuto que perder. Amenizaba las cenas con clientes con sus dotes de prestidigitador y su particular habilidad con los naipes.

Hijo de un representante de marcas de vinos y de una confitera, Bernat trabajaba en 1958 en una empresa asturiana propiedad de accionistas de Mantequerías Arias. La compañía explotaba una granja de cerdos deficitaria, tenía enormes campos de manzanas y fabricaba un caramelo con palito muy artesanal, que se vendía en ferias y que podía saborearse sin mancharse los dedos. Bernal decidió explotarlo comercialmente por su cuenta, ante la incredulidad de sus jefes. Hoy es la segunda marca de confitería de azúcar (básicamente caramelos) más importante del mundo, tras los mentolados Halls, según la consultora Euromonitor.

La idea fue rentable casi desde el principio. El producto se vendía a una peseta. Un precio alto para la España de la época, pero que le daba un aura de calidad suprema. Este emprendedor catalán patentó el primer sistema de autoventa de España. Los comerciales llevaban el producto a cada rincón y facturaban la venta en el momento. En 1965, Chupa Chups tenía una red de 600 trabajadores, que con sus vehículos visitaban hasta 300 000 puntos de venta en un solo día.

Bernat sabía cómo mimar una marca. Consiguió que el popular detective Calvo Kojak[1] y los astronautas rusos de la estación espacial MIR saborearan el Chupa Chups. Era también un hábil negociador. « No se acorbardaba ante nadie. Le daba igual quién tuviera delante », recuerda con su hijo Xavier Bernat.

Enric le cedió el testigo[2] cuando apenas tenía 50 años. Chupa Chups se exportaba entonces a 164 países y facturaba 4.900 millones de pesetas (30 millones de euros). Se dedicó a otras inversiones, como los seguros y los inmuebles, y dejó hacer a la segunda generación. Les permitió incluso que la empresa se diversificara, una filosofía que no compartía. Estaba erróneamente convencido de que una empresa podía ser rentable con un solo producto. En 2006, sus hijos vendieron Chupa Chups al fabricante de caramelos y chicles italiano Perfetti. Entonces, la compañía catalán facturaba 250 millones.

[1]Calvo Kojak : famoso detective de una serie televisiva

[2]Cederle el testigo a alguien = ceder la dirección a alguien

1 COMPRENSIÓN

Faites un compte-rendu en français du texte en faisant apparaître les idées essentielles. (140 mots + ou – 10%)

2 EXPRESIÓN

¿En qué medida el hecho de recurrir a famosos para aumentar la eficacia de una campaña publicitaria le parece a usted ser una buena estrategia?

Argumente la respuesta apoyándose en ejemplos concretos.

À RETENIR

- *No hay un minuto que perder* : il n'y a pas une minute à perdre
- *Recorrer* : parcourir
- *Ante* : face
- *Bajo la mirada* : sous le regard
- *Apenas* : à peine
- *Compartir* : partager
- *Decidió explotarlo* > attention, après ***decidir*** il n'y a jamais de préposition contrairement au verbe « décider » en français.

  > *Decidió crear su propia empresa*

  Attention également à l'enclise dans ***decidió explotarlo*** : le pronom ***lo*** se soude au verbe à l'infinitif

  > *Quería fabricarla ; Necesitaba decirte*

DOCUMENTO N°2 : ENTRAÎNEMENT ORAL - VIDÉO

Visionnez le document ci-dessous et complétez le script.

www.youtube.com/watch?v=UXZmX8LXzOw

Sara Navarro

Yo ...... una niña que de pequeña no jugaba ...... Siempre estaba pintando, ... , haciendo cosas manuales. Mi vocación era una vocación hacia ...... creativo. Si a eso, le ...... la tradición familiar y un conocimiento de un sector que tienes de forma ...... porque lo has visto desde que has nacido .... Cuando yo tenía un año, mi padre me llevaba y, en la ...... , me ponía entre mi abuelo y mi abuela, que estaban trabajando en el ....

En realidad, la idea de Sara Navarro, no fue una .... Yo en aquella época era ...... joven, estaba estudiando en la universidad, y no tenía 100% definida una vocación de « ...... ». Esa fue, más bien, idea de mi padre que, como buen ...... , muy listo, pues tenía una ...... de futuro muy .... Y le pareció que podía ser realmente una proyección y una continuidad de la ...... y tener una marca que fuera mi nombre, donde yo me implicara como diseñadora.

Cuando yo estaba, ... , terminando la carrera ...... estaba en ...... de carrera, le comenté a mi padre : « me gustaría, cuando terminara la carrera es decir, dentro de un año, marcharme a ...... a hacer un curso de diseño .... Pues más especializado en el sector del ...... y de complementos ». Pero mi padre que tenía mucha prisa, me dijo : « Bueno, ¿y ...... ? ». Cuando yo estaba haciendo el curso en Italia, que apenas acababa de cumplir veintiún años, había que realizar una mini colección de ...... modelos donde el diseñador lo hacía todo : desde ...... la idea, ... los materiales, hacer todo el patronaje, cortar el patronaje, ... con la máquina ...... es decir, todo el proceso.

Todos esos modelos, yo se los iba mandando ...... los iba mandando a la ...... pues a mi padre: « Mira, he hecho esto, he hecho este diseño ». Y, sin que yo lo ...... , él los iba realizando. De manera que, cuando yo ...... , que tenía veintiún años, e iba a empezar mi ...... año de carrera, esos modelos estaban ...... , todos, en una .... Y, eso, fue la primera colección de Sara Navarro.

Si yo ahora mismo ...... que volver a ...... , con lo que sé, no sé si podría hacerlo. Sabiendo lo que sé y sabiendo por lo que hay que pasar ...... Hay momentos de mucha ...... porque realmente no sabes si lo estás haciendo bien ...... se generan muchas inseguridades ...... Hay que tener una ...... , una ...... de capacidad de asumir riesgos. Mi propio padre, que es un gran empresario y un gran ...... , yo creo que, si no hubiera tenido ese punto de locura y de creer en esos sueños, tampoco habría llegado donde .... Hay que creerse esos ...... esos sueños y pensar que puedes ....

DOCUMENTO N°3

Source : El País, 08/01/2012

El pan llega al buzón[1] de casa

Roberto Pomeda, informático y Luis Amores, diseñador logítico de rutas de distribución, dos amigos a los que siempre les ha encantado comer pan, han creado Mundopán, una empresa de reparto diario de pan (y otros productos alimenticios) a domicilio.

La idea de Mundopán nació cuando Roberto y Luis Miguel detectaron hace algunos años que en núcleos residenciales cercanos a Madrid como los de Rivas-Vaciamadrid[2], había que coger el coche para ir a comprar el pan o darse un largo paseo para llegar a la panadería más próxima.

A la vista de la necesidad, « nuestra apuesta[3] fue llevar el pan a casa al mismo precio que se paga en la panadería, pero añadiendo la comodidad de dejar la barra[4] en un buzón térmico, patentado[5] por la empresa, de manera que se pueda recoger, cuando se quiera, calentito ».

Durante seis años, los socios se encargaron de llevar su propio negocio en Rivas-Vaciamadrid, aunque muy pronto empezaron a tener la idea de expandirse a otros sitios. « Tuvimos que hacer un estudio de mercado, localizar proveedores a nivel nacional, desarrollar un sistema informático de gestión. Necesitábamos aprenderlo todo sobre calidad de servicio y atención personalizada », dicen.

Los fundadores de Mundopán han estudiado cada parcela de su negocio, la mejor manera de trasladar al franquiciado el concepto de negocio.

A todo aquél que entra a formar parte de la red le entregamos unos manuales que incluyen todo lo que necesita saber para poner en marcha su franquicia.

De los 70 clientes a los que repartieron el pan el primer día de vida de la firma, hoy han pasado a tener una red de 15 franquiciados repartidos por distintos puntos de las provincias de Madrid, Barcelona y Murcia. « Para abrir una franquicia Mundopán hay que ser alguien activo, con disposición al aprendizaje y con dotes comerciales. »

Aparte del perfil del franquiciado, es importante ver si la zona en la que se piensa operar es apta para el negocio. « Buscamos zonas residenciales, conviviendas unifamiliares de primera ocupación », indica Luis Miguel.

[1]El buzón : ***la boîte aux lettres***

[2]Rivas-Vaciamadrid = municipio que está a 15 kilómetros del centro de Madrid

[3]Una apuesta : ***un pari***

[4]La barra (de pan) **:** ***la baguette (de pain)***

[5]Patentar : ***breveter***

www.misfrasesparati.com/2014/08/el-exito-es-como-el-amanecer.html

1 VOCABULARIO

Busque en el texto estas palabras :

la boulangerie | *adorer* | *en ajoutant*
transférer | *tout chaud* | *se charger de*
une maison / habitation | *un fournisseur* | *un franchisé*
journalier | *proche de*

2 COMPRENSIÓN

a. Haga una presentación en español del texto.

b. Explique quién creó la empresa Mundopán , en qué consiste su idea y cómo les surgió la idea.

c. ¿Cuáles fueron los diferentes pasos para empezar a expandirse a nivel nacional?

d. ¿Qué hicieron para que cada franquiciado pudiera llevar a bien su negocio?

e. ¿Cómo debe ser el perfil del franquiciado?

3 EXPRESIÓN

a. ¿En qué medida el documento iconográfico en el cual está escrito « el éxito es como el amanecer; hay quienes lo esperan dormidos, mientras otros se levantan a encontrarlo » ilustra bastante bien el texto?

b. Si usted tuviera que abrir su propia empresa, ¿en qué dominio lo haría? Justifique su respuesta.

À RETENIR

- *Hay que* + verbe à l'infinitif (obligation impersonnelle)
  > *Había que coger el coche*
- *Tener que* + verbe à l'infinitif (obligation personnelle)
  > *Tuvimos que hacer un estudio de mercado*
- *Ir a* : ne pas oublier la préposition après le verbe ***ir***
  > *Ir a comprar pan*
- *Todo lo que necesita saber* : tout ce dont il a besoin de savoir (pas de préposition après le verbe ***necesitar***)
- *El primer día de vida* (attention à l'apocope de ***primer*** devant un nom masculin singulier : donc le « o » disparaît).
- *El día* = nom masculin en espagnol !

¡RECUERDE ! VOCABULARIO

Apenas : à peine
Apostar : parier / miser sur
Coger : prendre
Conseguir : obtenir / réussir
Creación : création
Creador : créateur
Crear **:** créer
Estudio de mercado : étude de marché
Feria : exposition (foire)
Firma : entreprise / firme
Franquicia : franchise
Franquiciado : franchisé
Franquiciador : franchiseur
Fundador **:** fondateur
Innovación : innovación
Jefe : chef
Mandar : envoyer
Negocio **:** affaire
Patentar : breveter
Propio negocio : propre affaire
Proyecto : projet
Red (una) : réseau
Sistema (un) : système
Socio : associé
Sueño : rêve
Taller : atelier
Vocación : vocation

CHAPITRE 9

STAGE / CONTRAT DE PROFESSIONNALISATION

Dans le cadre de votre BTS, vous avez l'obligation d'effectuer des stages en première et deuxième année (formation initiale), ou bien si vous êtes en alternance, vous n'avez pas de stage à effectuer. Lors de votre oral d'espagnol, il est fort probable que l'on vous pose des questions sur votre stage ou sur votre alternance. Ainsi, cette partie doit se préparer en amont. Voici pour ce faire, quelques questions succeptibles de tomber et qui pourraient vous être bien utiles.

Essayez d'y répondre le plus précisément possible, et évitez les impasses. Chaque stage ou alternance est spécifique, donc chaque réponse est personnelle et doit faire l'objet d'une recherche de vocabulaire technique.

1 SABER PRESENTARSE RÁPIDAMENTE

Les 3 premières questions vous permettent de vous présenter si jamais on vous le demande.

1. ¿Cómo se llama usted ? ¿Cuántos años tiene ?¿Dónde vive ?
2. Hable de sus estudios anteriores.
3. Hable de sus estudios actuales. ¿Por qué decidió seguir este dominio?

2 HABLAR DE LA EMPRESA

(Attention, si vous avez effectué un stage vous devrez utiliser principalement les temps du passé, par contre si vous êtes encore en alternance pour votre oral final vous pourrez utiliser dans la plupart des cas le présent. C'est pour cette raison que j'utilise parfois deux temps dans les questions.)

1. Usted hace solamente prácticas o bien está en contrato de profesionalización? ¿Por qué razones ?
2. ¿Cómo ha encontrado estas prácticas o este contrato de profesionalización ?
3. ¿Cómo se llama la empresa ?
4. ¿Dónde se sitúa la empresa ? (¿Posición estratégica ?)
5. ¿Creación empresa ?¿Por quién ?
6. ¿Cuáles son las diferentes actividades de esta empresa ?
7. Cite los principales compradores /clientes.
8. ¿Qué tipo de productos/servicios ofrece esta empresa ? Descríbalos.
9. ¿Cuántas personas trabajan en esta empresa ? ¿Cuántas personas en su equipo?

10. Diga cuál es el papel de cada uno (secretaria, contable, jefe...)

11. ¿Usted es o era responsable de unos productos o servicios específicos ?

12. Describa la atmósfera en la empresa.

13. ¿Cómo son/ eran los colegas con usted?

14. ¿Y su responsable de prácticas ¿cómo es/ era con usted ?

15. Describa de forma detallada todas las actividades efectuadas por usted en la empresa.

16. ¿Tiene / Tenía usted un proyecto especial en la empresa?

17. ¿Encontró problemas durante sus prácticas o su contrato de profesionalización?

18. ¿Tiene una anécdota particular en esta empresa ?

19. ¿Hable usted español en esta empresa ? Si es el caso, ¿en qué circunstancias ?

20. ¿Esta empresa ya le propuso un empleo indeterminado después del final de las prácticas o del contrato ? Si es el caso, va a aceptar o no y por qué razones.

21. ¿Esta experiencia es enriquecedora para usted, es positiva ?

22. ¿Cuáles son sus proyectos futuros para el año que viene?

Une fois que vous y avez répondu, essayez de relier entre elles les différentes questions. Vous n'aurez plus qu'à apprendre ! Mais attention à ne pas trop réciter.

Voici quelques amorces pour vous aider dans votre rédaction.

- Pour se présenter :

  Estoy estudiando en el instituto de ...

  Estoy en contrato de profesionalización para preparar el diploma de técnico superior en ...

  Antes hice un bachillerato en ciencias...

- Pour introduire le stage

  Realicé prácticas (stage, attention ce mot est toujours au pluriel en espagnol) *en la empresa que se llama...*

  Esta empresa vende...

  Hice dos períodos de prácticas ...

  Estoy en contrato de profesionalización desde el 10 de septiembre de 2017....

- Présenter l'entreprise

  La empresa se llama ... y existe desde hace (+ durée) 1*5 años....... desde* (+ date) *1999. Fue creada por... Su sede* (siège social) *se sitúa en.... Actualmente emplea a ... personas.*

  Al principio de su creación sólo se dedicaba a la venta de ... pero ahora ha diversificado mucho...

  Su cartera de clientes es muy variada : cuenta con particulares y profesionales

  Esta empresa tiene como principal competidor... pero logra competirle en relación calidad precio.

  Trabaja con varios proveedores que son...

- Présenter vos différentes tâches dans l'entreprise

  Durante mis prácticas, hices varias tareas tales como...

  Tuve también que elaborar un proyecto que consistía en…

  La tarea que menos me encantó es… porque … y la que más me gustó es … porque…

- Parler de l'ambiance dans l'entreprise

  En esta empresa me sentí muy a gusto desde el principio. Mi tutor así como los otros colegas me acogieron muy bien, me ayudaban cuando lo necesitaba y me consideraron como un(a) empleado(a) cualquiera.

  Me lo pasé muy mal en esta empresa porque había un mal ambiente, mi tutor me explicaba pocas cosas, no hice misiones interesantes.

- Bilan final sur votre stage ou contrat de profesionalisation

  Para mí, el balance (le bilan) *de estas prácticas es muy positivo porque…*

  Descrubrí el mundo del trabajo y sé que quiero trabajar en este dominio…

  Es pues una experiencia muy enriquecedora ya que…

  Aprendí a ser autónomo (a), trabajar en equipo, pedir ayuda cuando lo necesitaba, más maduro (a)…

  Esta experiencia profesional me permitió (+ verbe à l'infinitif, pas de préposition): *adquirir / aprender / evolucionar / profundizar mis conocimientos en …*

  Estoy un poco decepcionado /a por estas prácticas porque pensaba que iba a hacer más cosas y que iba a aprender mucho. En realidad me di cuenta de que este dominio no me corresponde y pues voy a cambiar de carrera.

- Projets futurs

  En mi empresa me han propuesto un contrato indeterminado / un trabajo fijo para el año que viene, voy a aceptar/ no voy a aceptar porque…

  Para el año que viene voy a seguir mis estudios con una diplomatura (licence) *en alternancia…*

  Me gustaría después de la obtención de mi diploma de técnico superior trabajar

CHAPITRE 10

PARTE NOTARIAL

DOCUMENTO N° 1

Source : ElPaís.com 07/01/2017

Menos mal que ya puedo desheredar a mis hijos

Par Nache Carretero

El 3 de octubre de 2015 entró en vigor la nueva ley de Derecho Civil Vasco (LDCV) en toda la comunidad autónoma. « Sólo 24 horas después ya estábamos recibiendo llamadas para cambiar los testamentos », aseguran en la notaría Félix Ignacio Torres Cía, de Vitoria. « Incluso los meses antes, cuando sólo había rumores, ya nos estaban llamando para pedir información y resolver dudas ».

La información y las dudas que durante aquellas semanas atendían en esta notaría de la capital vasca tenían que ver con un apartado concreto de la nueva ley que fue protagonista de los titulares de prensa: con la nueva norma es posible dejar sin herencia a un hijo sin tener que dar explicación alguna. Los teléfonos de las notarías de Euskadi se colapsaron.

« No tenemos datos exactos de cuánta gente ha pedido información ni de cuántos han modificado su testamento con la nueva ley », explican desde el Colegio de Notarios del País Vasco. « Pero sí podemos afirmar que han sido muchos. Y que durante este año, como mínimo, las consultas han sido el doble que antes de entrar en vigor la ley ».

La asesoría jurídica y legal Legálitas sí que cuenta con una estimación más precisa. Explican que, el pasado año, cuando entró en vigor la nueva ley, recibieron un 25% más de consultas que en 2014 provenientes del País Vasco. En el resto de España, este aumento fue sólo del 1%.

La ley vasca permite apartar a uno o más hijos de la herencia sin tener que dar justificación alguna

En todas las Comunidades Autónomas donde - sobre este asunto - rige el Código Civil, a los descendientes les corresponden, de forma legítima, dos tercios de la herencia. En el resto (Galicia, Cataluña, Aragón, Baleares y Navarra) la proporción varía. Si un padre quiere no dejar esta legítima, deberá justificarlo con supuestos contundentes, como por ejemplo el maltrato. La nueva ley vasca reduce esta legítima a sólo un tercio y añade una novedad: se puede apartar de este reparto a uno o más descendientes (hijos o nietos) sin tener que dar ninguna explicación. De este modo, uno o más hijos se quedarían sin herencia.

¿Qué ocurre si es hijo único sin descendencia? En este caso, la nueva ley vasca no permite el apartamiento. Es decir, a esta persona le correspondería legítimamente un tercio de la herencia y, si los padres quisieran desheredarlo, deberían acudir a los supuestos que recoge el Código Civil.

Lo explica con claridad Diego Granados de Asensio, decano del Colegio Notarial del País Vasco y profesor de Derecho Civil de la Universidad de Deusto. « Los hijos apartados no tienen derecho a la herencia ni a la legítima. Y no hace falta, por parte de los padres, expresar motivo alguno, sino que simplemente los aparta o no los menciona en su testamento. No mencionarlos implica que han sido apartados ». En este caso, además, el hijo apartado no tendrá derecho a recurrir la decisión.

1 COMPRENSIÓN

a. ¿Qué es la LDCV ?

b. Apunte 3 frases que indican que esta nueva ley está muy bien aceptada por los ciudadanos.

c. Busque en Internet lo que es la « Legítima » y proponga una traducción en francés.

d. Según el código civil, ¿a cuánto se eleva la parte reservada al hijo ?

2 EXPRESIÓN

a. En algunas palabras explique con sus propias palabras en qué consiste esta nueva ley.

b. Con sus propias ideas, encuentre razones por las cuales se podría desheredar a un hijo.

3 TRADUCCIÓN

a. Traduzca el título : « menos mal que puedo desheredar a mis hijos ».

b. « La nueva ley vasca reduce esta legítima a sólo un tercio y añade una novedad: se puede apartar de este reparto a uno o más descendientes (hijos o nietos) sin tener que dar ninguna explicación. De este modo, uno o más hijos se quedarían sin herencia. »

c. Y no hace falta, por parte de los padres, expresar motivo alguno, sino que simplemente los aparta o no los menciona en su testamento.

DOCUMENTO N°2

Source : la vanguardia.com, 09/07/2015

Detenidos un notario y un abogado por estafar a más de 50 ancianos

Barcelona, 9 jul (EFE)

Los Mossosd'Esquadra han detenido a un notario y a un abogado acusados de estafar a más de medio centenar de ancianos, una veintena de los cuales fueron desahuciados tras firmar supuestamente préstamos hipotecarios y créditos con cláusulas abusivas.

Según han informado a Efe fuentes cercanas al caso, los detenidos, entre los que también hay un supuesto falsificador de documentos y varios testaferros, habían creado un entramado de empresas y de cuentas bancarias desde donde supuestamente desviaban el dinero que conseguían con su estafa.

Los detenidos son el notario Enrique P. y el abogado Francisco C., según adelanta hoy el periódico El País, que detalla que los Mossosd'Esquadra han intervenido en más de 150 empresas, algunas de ellas fantasma, y bloqueado un centenar de cuentas bancarias implicadas en la supuesta estafa.

La operación se inició hace más de un año, cuando varias personas de avanzada edad denunciaron a los Mossosd'Esquadra que tras firmar una hipoteca inversa o pedir un crédito personal, comprobaron que en realidad habían contraído un contrato de compraventa de su piso, ante lo que algunas de las víctimas acabaron siendo desahuciadas.

En la operación también hay afectadas nueve entidades bancarias, que concedieron los préstamos, y está denunciado otro notario, dos abogados y dos oficiales de notaría..

1 VOCABULARIO

Reliez chaque mot à sa traduction.

Entramado	Avocat
Abogado	Escroquerie
Cláusula	Appartement
Comprobar	Vérifier
Piso	Force de police de Catalogne
Firmar	Prête-nom
Fantasma	Expulser
Desahuciar	Signer

Estafa	Clause
Testaferro	Fantôme
Mossos de esquadra	Enchevêtré
Detener	Arrêter

2 EXPRESIÓN

Explique este texto en español (introducción, tema, ideas principales y conclusión).

¡RECUERDE! VOCABULARIO

Abogado **:** avocat
Abogacía (la) **:** barreau
Abonar **:** verser / créditer un compte
Ahorro **:** épargne
Abrogar **:** abroger
Acta (el) **:** acte
Acreedor hereditario **:** créancier héréditaire
Adjunción **:** adjudication
Adopción : adoption
Adquiriente **:** acquéreur
Albacea (el) **:** exécuteur testamentaire
Alguacil : huissier
Apoderado **:** fondé de pouvoir
Arrendador **:** loueur / bailleur
Arrendamiento : bail
Audiencia / tribunal : tribunal
Beneficiario : bénéficiaire
Bien **:** (un) bien (maison)
Boda (una) **:** mariage
Cargar en cuenta **:** débiter un compte
Cesión **:** cession
Cláusula : clause
Coheredero **:** co-héritier
Comparecencia : comparution
Compartir **:** partager
Compromiso de venta **:** compromis de vente
Contrato de compraventa **:** contrat d'achat et de vente
Cónyugue : conjoint
Copropiedad **:** co-propriété
Defensor : défenseur
Defunción / el fallecimiento **:** décès
Delito **:** délit
Demanda **:** requête
Denuncia **:** dénonciation
Derecho de familia : droit de la famille
Derecho de suscripción : droit de souscription
Derecho de tanteo y retracto **:** droit de présemption
Deuda **:** dette
Divorcio **:** divorce
Desfalco **:** détournement
Embargo : saisie
Endeudamiento **:** endettement
Entablar procedimiento : engager une procédure
Escribano : greffier
Escritura del contrato **:** rédaction du contrat
Escritura de venta **:** acte de vente
Expediente **:** dossier
Fallecer **:** décéder
Firmante **:** signataire

Fiscal **:** procureur
Heredero **:** héritier
Herencia : héritage
Herencia legítima : héritage légitime
Herencia testamentaria **:** héritage testamentaire
Hipoteca **:** hypothèque
Honorario **:** honoraire
Inapelable **:** sans appel
Insolvencia **:** insolvabilité
Inversión **:** investissement
Juez (el) **:** juge
Jurado : jury
Juramento **:** serment
Jurisdicción **:** juridiction
Legado **:** héritage
Ley **:** loi
Libranza **:** ordre de paiement
Litigio **:** litige
Liquidación **:** liquidation
Magistrado **:** magistrat
Magistratura **:** magistrature
Mandante **:** mandant
Mandatario **:** mandataire
Negativa de pago **:** refus de paiement
Notaría **:** étude du notaire
Notario **:** notaire
Palacio de justicia : palais de justice
Pasante (del abogado) : stagiaire
Patrimonio **:** patrimoine
Perito **:** expert
Plazo **:** délai
Plazo peremtorio **:** délai péremptoire
Pleito **:** affaire
Poder de revocación **:** pouvoir de révocation
Préstamo **:** prêt
Prestar dinero **:** prêter de l'argent
Propiedad **:** propriété
Queja **:** plainte
Querellante **:** plaignant
Reembolsar **:** rembourser
Reembolso **:** remboursement
Registro de propiedad **:** bureau des hypothèques
Reo **:** inculpé
Sala (la) **:** cour
Solvencia **:** solvabilité
Sucesor : successeur
Tipofijo **:** taux fixe
Testamento **:** testament
Testigo : témoin
Testimonio **:** témoignage
Tramitación de expediente **:** suivi de dossier
Usufruto **:** usufruit
Venta **:** vente
Vivienda **:** maison
Viudo / a **:** veuf / veuve
Última voluntad **:** dernière volonté

4

UN POCO DE CULTURA

CHAPITRE 1
ESPAÑA & AMERICA LATINA

En tant qu'étudiant en BTS Notariat vous devez connaître la carte d'Espagne ainsi que celle de l'Amérique Latine. Je vous conseille de les apprendre si vous ne les connaissez pas encore.

MAPA DE ESPAÑA

www.cdechamps-lycee-delacroix.fr/IMG/html/CC_AA_y_capitales.html

DATOS GENERALES

- Area : 504 750 km^2
- Población : 46 464 000 (2014)
- Lenguas : Español (también denomidado Castellano), Catalán, Gallego, Valenciano y Vasco (son también lenguas oficiales de las comunidades autónomas de Cataluña, Galicia, Valencia y País Vasco, respectivamente)
- Religión : 99% Católica

- Capital : Madrid
- Forma de Gobierno : Monarquía Constitucional
- Jefe de Estado : Rey Felipe VI (desde el 19 de junio de 2014)
- Jefe de Estado del 19 de junio de 1975 al 18 de junio de 2014 : Juan Carlos I de Borbón
- Presidente del Gobierno : Mariano Rajoy (desde 2011). Partido Popular (PP)
- Partidos políticos más importantes : PP (Partido popular), PSOE (Partido Socialista Obrero Español), IU(Izquierda Unida), CIU (convergencia i Unió), PNV (Partido Nacional Vasco), Podemos
- Turismo : 57,4 millones de visitantes (2008)
- Moneda : Euro

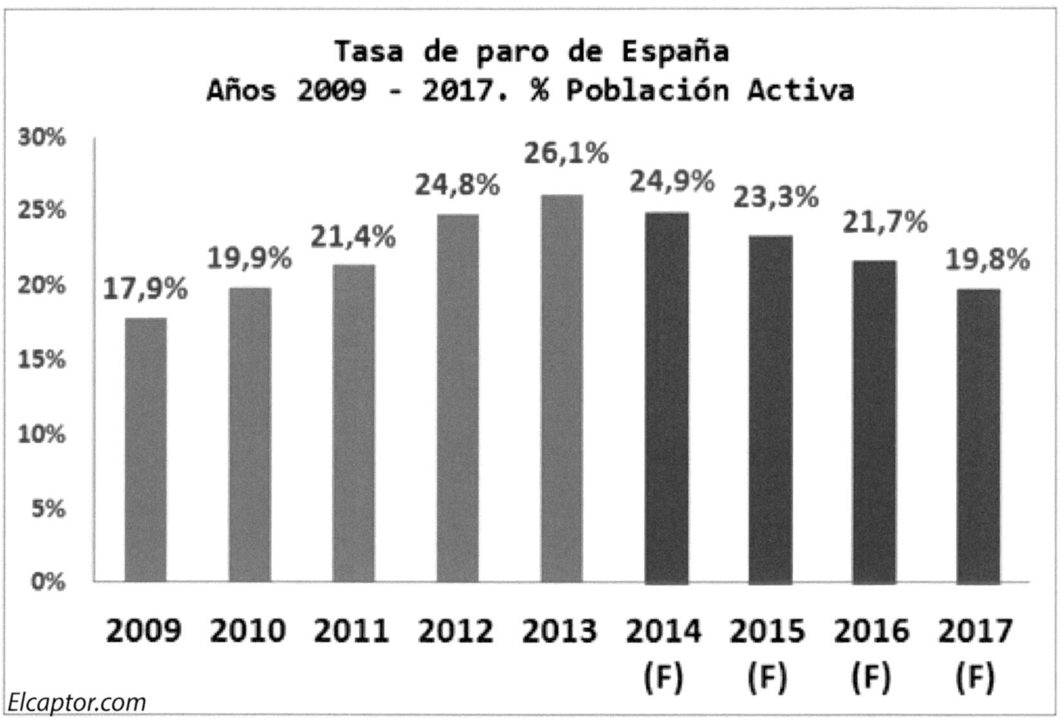

- Paro (chômage) : en 2017, 19,8% de la población total (menores de 25 años : 41,5% ; 25 años o más : 17,2%)
- SMI *(= SMIC)* : Salario mínimo interprofesional en 2017 en España ha quedado fijado en 707,60 euros al mes, o sea 52 euros más que el año anterior.

MAPA DE AMÉRICA LATINA

PAÍS	CAPITAL
Costa Rica	San José
El Salvador	San Salvador
Guatemala	Ciudad de Guatemala
Honduras	Tegucigalpa
Nicaragua	Managua
Panamá	Panamá

PAÍS	CAPITAL
Argentina	Buenos Aires
Bolivia	Sucre
Chile	Santiago
Colombia	Bogotá
Ecuador	Quito
Paraguay	Asunción
Perú	Lima
Uruguay	Montevideo
Venezuela	Caracas

www.lahistoriaconmapas.com/atlas/america-mapa/mapa-de-america-latina-con-sus-capitales.htm

5

ENTRAÎNEMENTS ORAUX

CHAPITRE 1
DOCUMENTS ÉCRITS

DOCUMENTO N°1

Source : Cincodías.com 15/01/2015

Nace un portal para intercambiar habitaciones de pisos compartidos

Un emprendedor español ha puesto en marcha la primera plataforma de intercambio de pisos compartidos. Una web que, de forma gratuita, da la oportunidad de realizar un intercambio de piso entre cualquier residente de todo el mundo.

Room4exchange acaba de presentarse como la primera plataforma online especializada en el intercambio de habitaciones en pisos compartidos. El funcionamiento de Room4exchange es sencillo, se ocupa de poner en contacto a usuarios que deseen cambiar su habitación por otra de otro lugar durante un fin de semana, unas vacaciones o un evento particular. Es una manera sencilla y barata de conseguir alojamiento en un lugar para un periodo concreto.

La plataforma permite registrar habitaciones dentro de una casa compartida, estudios, pequeños apartamentos o, incluso, espacios dentro de residencia de estudiantes. El objetivo es que dos personas de dos ciudades y/o países diferentes puedan intercambiar sus viviendas de forma simultánea, durante un periodo determinado y de forma totalmente gratuita.

El perfil de usuario de Room4exchange es una persona joven, generalmente estudiantes universitarios o de idiomas, que no tienen mucho dinero para viajar, o singles o parejas de jóvenes sin hijos sin muchos recursos a los que les gusta viajar. Su edad varía entre los 20 y los 35 años y las ciudades para hacer el intercambio es cualquiera en el mundo, desde Londres, Nueva York, París, etc.

La idea de la plataforma es que no sólo sea una búsqueda barata de un lugar donde alojarte, sino que también integra prácticas de idiomas o intercambio de habilidades y actividades para la economía colaborativa. Además, no sólo destaca por el ahorro que supone, sino que se quiere destacar la experiencia positiva de utilizar este sistema. Conocer gente, formarse, realizar networking o intercambiar posturas e ideales con personas de otras culturas o costumbres.

QUELQUES IDÉES DE COMMENTAIRE

Este documento cuyo título es Nace un portal para intercambiar habitaciones de pisos compartidos fue sacado de la página web cincodías.com y fue escrito el 15 de enero de 2015. En este artículo de prensa se trata de la plataforma Room4exchange.

Vamos a explicar lo que es Room4exchange y pondremos de realce sus ventajas y analizaremos quienes son las personas interesadas en esta nueva herramienta ***(outil)***.

Room4exchange es una plataforma española que permite intercambiar pisos desde cualquier parte del mundo. Es decir que podemos intercambiar un piso en España por uno en Nueva York, en Quito, en Tokio... Las posibilidades son infinitas. Eso es la primera ventaja de esta plataforma on line. Existen otras ventajas que vamos a ver a continuación.

Por ejemplo el hecho de que sea gratuita permite a cualquier persona de consultarla sin tener que pagar. Eso incita la gente un poco curiosa o bien recelosa a que vaya a dar un vistazo a esta página web.

Además en el texto se nos dice en el segundo párrafo que es una plataforma dedicada exclusivamente al intercambio de pisos y es muy simple de uso. De esta forma la gente no pierde tiempo y sabe donde buscar. En efecto, no es raro ver páginas web, donde se encuentra de todo y al fin y al cabo no se encuentra lo que se buscaba.

Otra de las ventajas que a mi parecer es una de las mayores es que la gente puede viajar de forma muy barata o sea cuesta menos que si tuviéramos que pasar por una agencia o directamente con un hotel.

Además se pueden encontrar cualquier tipo de pisos. Puede ser "una casa compartida, un estudio, un pequeño apartamento"... Las personas pueden entonces encontrar algo que seguramente les va a corresponder.

Por fin la última ventaja es que se da la posibilidad a la gente que intercambia de hablar otro idioma, intercambiar actividades... Pues no es sólo un intercambio de piso sino también un intercambio "cultural" lleno de oportunidades.

Después de haber visto las ventajas de este sistema vamos a ver cuál es el perfil de las personas interesadas en esta novedad. Tienen un perfil bien definido: suelen ser jóvenes, estudiantes, parejas sin hijos, solteros" (cuarto párrafo). Todas estas personas tienen un punto común : no tienen mucho dinero para viajar pues esta plataforma les conviene perfectamente.

A modo de conclusión puedo decir que la idea de este emprendedor español es muy interesante y práctica. Hoy en día la gente busca viajar pero generalmente no a cualquier precio. ¡Aquí permite un intercambio con otras personas a un precio asequible! Pienso que estas plataformas van a multiplicarse ya que la gente está acostumbrada ahora a compartir que sea el coche, el piso, un cortacésped ***(tondeuse)***... Eso forma parte de nuestro cotidiano es siempre con un mismo objetivo: ¡ahorrar! ***(économiser).***

DOCUMENTO N°2

Source : noticiasdenavarra.com, 30/01/2011

Con tres hijos, el teletrabajo me viene como anillo al dedo

« Cuando nacieron mis hijos gemelos hace dos años la opción que me planteé fue una reducción de jornada o el teletrabajo y solicité esta última fórmula, que me ha venido como anillo al dedo», explica Jorge García, responsable de Informática de Mutua Navarra[1].

Padre de tres hijos, el mayor de 3 años, García realiza el 70% de su jornada en la empresa y el 30% restante en su casa. «Llego a las siete y media de la mañana a la Mutua y salgo a las tres de la tarde, a partir de esa hora me ocupo de mis hijos, y a las nueve, cuando se van a dormir, me dedico a teletrabajar. Si hace malo y estamos todos en casa, comienzo antes, hacia las seis. Si por la tarde los niños tienen natación, salgo antes y si se ponen enfermos, ese día me quedo en casa y trabajo desde allí», ejemplifica sobre la flexibilidad que permite esta modalidad laboral. Trabajar así le hace posible, remarca, «disfrutar más» de sus hijos.

Los estudios indican que la productividad aumenta con el empleo a distancia y García lo corrobora. «El trabajo en casa es más efectivo porque no tienes llamadas que te interrumpan, por eso te concentras más.». García tampoco ha sufrido otro de los inconvenientes que se le atribuyen al empleo a distancia, la pérdida de oportunidades profesionales. «De hecho, soy un teletrabajador que ha tenido un ascenso, desde 2003 soy el responsable de informática".

Con esta fórmula, el volumen de horas trabajadas pierde importancia, lo que hay que conseguir son objetivos. El teletrabajo, según explica, exige capacidad de planificación. «Tienes que tener el trabajo bien organizado: cuando estoy en Mutua aprovecho para mantener reuniones y contactos con el resto de la plantilla, y para casa reservo el trabajo más individual». Para él, las ventajas del teletrabajo son muchas, pero no ignora los inconvenientes. «Te quedas sin tiempo libre porque tu carga es mayor que con una reducción de jornada. La familia requiere un tiempo que a veces se solapa[2] con el del trabajo ». García se esfuerza en que el trabajo no invada su vida familiar.

[1]*Mutua de Navarra* : Mutuelle de Navarre

[2]*Se solapa* : empiète

QUELQUES IDÉES DE COMMENTAIRE

El documento que voy a estudiar es un artículo de prensa titulado con tres hijos, el teletrabajo me viene como anillo al dedo. Es un texto sacado de la página web noticias de Navarra en 2011.

El tema principal de este documento es el teletrabajo más precisamente con el caso de una persona en particular, Jorge, pero su situación podría ser la de muchas otras personas.

Vamos a explicar lo que es el teletrabajo, después veremos cómo Jorge se organiza con el teletrabajo y por fin estudiaremos las ventajas y desventajas del teletrabajo según el documento.

El teletrabajo es una forma de trabajo que nació en los Estados Unidos y que corresponde a cada vez más personas en el mundo. El teletrabajo consiste en poder trabajar desde su casa o bien toda la semana o algunas horas o días a la semana.

Al principio del documento vemos que Jorge tomó una decisión importante: vaciló entre una reducción de su tiempo laboral o bien trabajar desde su casa. Finalmente decidió optar por el teletrabajo que le conviene perfectamente como lo vemos en la línea 2:"me ha venido como anillo al dedo". Es posible que reducir su tiempo de trabajo no sea posible puesto que tenía un puesto con responsabilidades, en efecto era "responsable de Informática".

A continuación Jorge García nos explica en que consisten los diferentes cambios que hizo para organizar su tiempo. Pasa un "70% de su jornada en la empresa y el 30% en su casa". Parece tener una excelente organización: empieza el trabajo temprano a las 7 y media o las seis y termina temprano a las 3 para cuidar de sus niños hasta que se vayan a dormir. Y sigue trabajando después, una vez están durmiendo; así es cuando practica el teletrabajo. Compagina su trabajo y su vida familiar pero claro está que son muchos sacrificios porque parece cumplir dos días laborales en uno. Debe ser muy apremiante y estresante.

Ahora vamos a ver las ventajas y los inconvenientes del teletrabajo. Según un estudio, teletrabajar es benéfico para la productividad . En el caso de Jorge, suele trabajar con más eficiencia gracias a una mayor concentración. Además esto le permitió tener un puesto importante más y evolucionar profesionalmente lo que a veces no es posible cuando trabajamos desde nuestra casa.

Además se nos explica que lo importante no son las horas trabajadas sino los objetivos. Hay que cumplir con objetivos. A veces no vale la pena quedar en una empresa durante 8 horas diarias ya que no somos siempre productivos. Un trabajo similar con más concentración puede por ejemplo hacerse en 4 horas... Para teletrabajar es necesario tener una excelente organización y es lo que hace Jorge con su trabajo como lo vemos con la frase siguiente: "en Mutua aprovecho para mantener reuniones y contactos con el resto de la plantilla, y para la casa reservo el trabajo más individual". Termina diciendo que el teletrabajo no conlleva sólo ventajas, también existe un inconveniente mayor :"te quedas sin tiempo libre". Efectivamente tiene los días muy llenos y se debe necesitar una gran fuerza mental para cumplir todas estas tareas.

Conclusión

A través del testimonio de un hombre que tiene un buen puesto, un puesto con responsabilidades, que asume a la vez su papel de padre y su papel de responsable en la empresa parece que lo primordial es tener una excelente organización.

Hoy en día la mayoría de las parejas trabajan y es verdad que es difícil compaginar vida familiar y profesional pero esto es la realidad. Pero con el ejemplo de Jorge vemos que es posible pero hay que hacer muchos sacrificios.

El teletrabajo es pues una solución para muchas personas que quieren asumir plenamente su papel de padres.

Voici d'autres exemples de textes avec différents thèmes. Je vous suggère de les lire attentivement, de chercher le vocabulaire et d'essayer de les comprendre.

Aucune correction ne sera apportée à ces documents mais cela vous donne un large aperçu des différents thèmes sur lesquels vous pouvez tomber à l'oral.

DOCUMENTO N°3

Source : El País digital, 22/01/2016

Madrid bate su récord de turistas en 2015 y es la ciudad más visitada de España

Era el día grande de Madrid en Fitur y las cifras hicieron de la jornada una fiesta. Al menos para la capital, que ha anunciado este viernes un nuevo récord de turistas en 2015: casi nueve millones de visitantes, un 6% más que los registrados el año anterior y la cifra más alta de toda la serie histórica, que arrancó en 1999. Madrid es el municipio español que más personas eligen como destino, aunque Barcelona, la segunda ciudad más turística de España (sus visitas caen un 3%), sigue siendo el lugar con más pernoctaciones[1].

El número de viajeros en Madrid ascendió a 8.885.778 el año pasado. La mayoría de ellos procede del ámbito nacional: españoles que visitan la capital para admirar su alta oferta en museos, presenciar un partido de fútbol o visitar uno de sus rincones más famosos, como pueden ser la Puerta del Sol, la Plaza Mayor o la Puerta de Alcalá. Muchos vienen a hacer negocios, donde Madrid ocupa también un lugar privilegiado siendo la tercera del ránking de la Asociación Internacional de Congresos y Convenciones (ICCA). Es, además, el primer destino congresual de España. Solo en 2014, este organismo validó 200 congresos internacionales, situando a Madrid por delante de ciudades como Berlín, Barcelona, Londres y Singapur. Los encuentros generaron 816 millones de euros.

Hay sin embargo, quien prefiere visitar Madrid para realizar compras, y no solo en lugares tan simbólicos como Gran Vía, Fuencarral o la calle de Preciados. De cualquiera de las maneras, la capital supone el 80% del turismo en la Comunidad de Madrid, que hace semanas ya presentó unos datos históricos, con más de 11 millones de visitantes en 2015, lo que supone un crecimiento del 2,6%. En España, el aumento respecto al año anterior ha sido algo superior, del 6,2%.

[1]Pernoctaciones : ***nuitées***

DOCUMENTO N°4

Source : Cincodías.com, 03/03/2016

Mercadona facturó un 3% más en 2015 con una bajada de precios del 2%

La compañía creó 1.000 empleos nuevos y ya contabiliza 75 000 trabajadores.

- La cadena controlada por Juan Roig alcanza un resultado de 611 millones un 12% más.
- Sube un 11% los sueldos a 8.150 trabajadores y reparte 277 millones entre la plantilla por logro de objetivos.
- Prevé que la facturación y las ganancias solo crezcan un 2% en 2016.
- Mercadona ha obtenido un beneficio neto de 611 millones de euros en 2015, lo que representa un aumento del 12 % respecto al ejercicio anterior, ha explicado hoy el presidente de la compañía, Juan Roig, quien ha resaltado que la facturación ha crecido un 3 % hasta los 20 831 millones de euros.
- Estas son las claves del líder de la distribución alimentaria en España. 1000 puestos de trabajos fijos nuevos, lo que le ha permitido cerrar el ejercicio con una plantilla estable de 75.000 personas. En su presentación de resultados anual, la compañía ha explicado que todos se han incorporado con un salario mínimo de inicio de 1 109 euros netos al mes. Ha indicado además que este incremento del beneficio neto ha permitido repartir 277 millones de euros con la plantilla en concepto de primas por objetivos.
- Subida de sueldos. La compañía además, ha vuelto un año más a incrementar un 11% los salarios de los trabajadores que han pasado de tramo salarial, 8 150 personas en 2015. Asimismo, ha decidido repartir, por décimo quinto año consecutivo, una cuarta parte de sus beneficios con sus trabajadores. Concretamente, en 2015 ha compartido con los miembros de la plantilla un total de 277 millones de euros en concepto de primas por objetivos.
- Inversión. La firma valenciana abrirá en 2016, un total de 60 nuevas tiendas e invertirá 650 millones de euros.
- Apuesta tecnológica : en 2016, y dentro de este proceso de innovación digital, Mercadona iniciará la construcción de su segundo Centro de Proceso de Datos en Villadangos del Parámo (León), con una inversión inicial prevista de 6 millones de euros.

Además, abordará la reingeniería de su página web para hacerla más fácil, ágil y visual. En 2015, las ventas del canal online crecieron un 8% y aportaron 169 millones de euros a la cifra total de facturación.

DOCUMENTO N°5

Source : Elperiódico.com, Madrid, 07/03/2001

La diferencia de sueldo entre sexos es del 23% en el mundo y del 18,8% en España

Los avances sociales, económicos y educativos de los últimos 20 años no se han reflejado en una mejoría de las mujeres en el mundo del trabajo. Y lo que es peor, la crisis reciente ha estancado la evolución hacia la igualdad emprendida en el último decenio. La brecha salarialentre mujeres y hombres no se acorta y sobre las mujeres sigue pesando el trabajo no retribuido(el de las horas que se dedica al hogar o a la atención de familiares dependientes) y los empleos a tiempo parcial.Estas son las conclusiones del informe 'Las mujeres en el trabajo' realizado por la Organización Internacional del Trabajo (OIT) que marca las tendencias de futuro, en las que también se aprecian nuevos puntos negros: las mujeres están siendo excluidas de los nuevos puestos de trabajo con alto componente tecnológico.

A estas alturas del siglo XXI los datos del informe de la OIT, realizado con información de 178 países, no dicen mucho en favor de los avances realizados por la sociedad hacia la igualdad entre sexos. La crisis acortó la brecha social, pero no porque las mujeres cobraran más sino porque la devaluación salarial y los despidos tuvieron mayor incidencia entre los hombres, y mujeres que no habían trabajado nunca pasaron a ser activas con retribuciones escasas y empleos de baja calidad.

La diferencia salarial entre sexos es del 23%, según la OIT, es decir, las mujeres ganan el 77% de los que reciben los hombres. El director de la representación en España de este organismo, Jerónimo Nieto, destaca que la brecha salarial en España es del 18,8% en la relación salario por hora trabajada, mientras que la media de la Unión Europea es del 16,2%.

DOCUMENTO N°6

Source : CincoDias, 22-01-2016

Llega el intercambio de viviendas solo para emprendedores

A Jean-Noël Saunier se le ocurrió hace unos años montar una web para organizar algo que hasta entonces sucedía fundamentalmente entre amigos: el trueque de casas. El resultado fue MyTwinPlace, el portal de referencia en viajes colaborativos nacido en 2013 en el que ya hay inscritos 35 000 usuarios.

La startup acaba de dar un paso más allá en su modelo de expansión: ha lanzado un servicio dirigido exclusivamente a emprendedores. La idea le sobrevino a Saunier, cofundador y consejero delegado de MyTwinPlace, de forma espontánea. « Yo uso nuestro portal en los viajes de negocios. Un día dio la coincidencia de que me alojé en casa de un emprendedor. Rápidamente nos pusimos a hablar de nuestros proyectos, de nuestras empresas, nuestros planes de expansión, fuentes de financiación... La experiencia fue genial. Me di cuenta de que a los emprendedores nos encanta conocer a otros emprendedores porque tenemos problemas parecidos y aprendemos los unos de los otros », explica.

MyTwinPlace ofrece a los usuarios una forma 100% colaborativa de viajar. Tras abrir un perfil en la web, cada uno recibe puntos en función de las veces que recibe en su casa a otros miembros de la comunidad. Esos puntos se pueden usar a su vez para viajar.

El modelo está resultando ser exitoso. La estancia media es de 5,9 días, lo que supone un ahorro de unos 700 euros. « Nuestro sistema se basa en la confianza y en la reputación de los usuarios. En MyTwinPlaceno hay transacción financiera alguna, y eso interesa especialmente a emprendedores, para quienes limitar gastos es una necesidad ».

Tras hablarlo con algunos colegas, vio que la idea tenía futuro y que nadie había hecho algo igual. Así surgió MyTwinPlaceforEntrepreneurs, una nueva pestaña disponible en la home de la compañía en la que solo pueden inscribirse empresarios. El interés por conocer a nuevos empresarios es tan alto que hay incluso quien ofrece su casa sin esperar a cambio la de su contraparte.

DOCUMENTO N°7

Source : El País, 23/01/2016

En busca del viajero poco convencional

« El público va buscando cosas nuevas. Fidelizar al cliente sigue siendo fundamental, pero es importantísimo captar al futuro visitante con vías alternativas de viaje », explica un grupo de promotores en la feria internacional de turismo (Fitur). Pueblos del interior de México, rutas por las aldeas de Andalucía o la Nueva York oculta, son algunos de los destinos alternativos que ofrece esta cita a los visitantes que buscan nuevas experiencias para su próximo viaje. Los operadores compiten por atraer su atención, mezclando novedad y tradición en una fórmula que resume todas las propuestas: vivir una experiencia nueva.

La feria madrileña cuenta con 165 expositores de regiones de todo el mundo. Entre los visitantes, profesionales del sector, familias y muchos extranjeros. Andalucía es este año socio destacado de la feria y los operadores están encantados con la elección : « una manera perfecta para promover el turismo ». En cuanto a Cataluña ofrece una ruta virtual por la oferta gastronómica de la región.

Además el sector turístico español, que este año ha batido récord de llegadas, se ha favorecido de la inestabilidad geopolítica de algunos países competidores, como los del norte de África, aseguran los expertos del sector.

El viaje entendido como una experiencia nueva y sugerente es la fórmula que los operadores turísticos han encontrado para sentar las bases de un turismo "sostenible", que se adapte a los gustos de los clientes y que atraiga a los viajantes dispuestos a gastar más dinero. El modelo tradicional de sol y playa, que ha convertido a España en uno de los países líderes del sector, persistirá. Pero los expertos lo tienen claro : «El público extranjero busca algo más. Quiere saber si hay rutas por pueblos menos conocidos, pero igualmente atractivos desde el punto de vista histórico y cultural », revela en el pabellón de Andalucía, DietmarDetlerRoth. La oferta turística española tendrá que saber innovar si quiere atraer a los turistas de países emergentes, como China o India, a los que todos miran ya con mucho interés.

6

UN PEU DE CONJUGAISON

Vous trouverez au cours des deux chapitres suivants un tableau de conjugaison pour les verbes réguliers et un autre pour les verbes dits « très irréguliers ». Je vous conseille de connaître sur le bout des doigts vos conjugaisons, cela vous sera bénéfique autant pour l'écrit que pour l'oral. Beaucoup trop d'étudiants ne connaissent pas leurs conjugaisons ...

Tâchez de vous démarquer en les apprenant !

CHAPITRE 1

VERBES RÉGULIERS

Infinitif	Cantar	Comer	Vivir
Présent de l'indicatif	canto cantas canta cantamos cantáis cantan	como comes come comemos coméis comen	vivo vives vive vivimos vivís viven
Subjonctif présent	cante cantes cante cantemos cantéis canten	coma comas coma comamos comáis coman	viva vivas viva vivamos viváis vivan
Impératif	canta cante cantemos cantad canten	come coma comamos comed coman	vive viva vivamos vivid vivan
Imparfait de l'indicatif	cantaba cantabas cantaba cantábamos cantabais cantaban	comía comías comía comíamos comíais comían	vivía vivías vivía vivíamos vivíais vivían
Passé simple	canté cantaste cantó cantamos cantasteis cantaron	comí comiste comió comimos comisteis comieron	viví viviste vivió vivimos vivisteis vivieron
Subjonctif imparfait	cantara cantaras cantara cantáramos cantarais cantaran	comiera comieras comiera comiéramos comiérais comieran	viviera vivieras viviera viviéramos vivierais vivieran

Futur	cantaré cantarás cantará cantaremos canteréis cantarán	comeré comerás comerá comeremos comeréis comerán	viviré vivirás vivirá viviremos viviréis vivirán
Conditionnel	cantaría cantarías cantaría cantaríamos cantaríais cantarían	comería comerías comería comeríamos comeríais comerían	viviría vivirías viviría viviríamos viviríais vivirían
Participe présent	cantando	comiendo	viviendo
Participe passé	cantado	comido	vivido

VERBES À DIPHTONGUE

Infinitif	Pensar	Volver
Présent de l'indicatif	pienso piensas piensa pensamos pensáis piensan	v**ue**lvo v**ue**lves v**ue**lve volvemos volvéis v**ue**lven
Subjonctif présent	piense pienses piense pensemos penséis piensen	v**ue**lva v**ue**lvas v**ue**lva volvamos volváis v**ue**lvan
Impératif	piensa piense pensemos pensad piensen	v**ue**lve v**ue**lva volvamos volved v**ue**lvan
Imparfait de l'indicatif	pensaba pensabas pensaba pensábamos pensabais pensaban	volvía volvías volvía volvíamos volvíais volvían

Passé simple	pensé pensaste pensó pensamos pensasteis pensaron	volví volviste volvió volvimos volvisteis volvieron
Subjonctif imparfait	pensara pensaras pensara pensáramos pensarais pensaran	volviera volvieras volviera volviéramos volvierais volvieran
Futur	pensaré pensarás pensará pensaremos pensaréis pensarán	volveré volverás volverá volveremos volveréis volverán
Conditionnel	pensaría pensarías pensaría pensaríamos pensaríais pensarían	volvería volverías volvería volveríamos volveríais volverían
Participe présent	pensando	volviendo
Participe passé	pensado	**vuelto**

CHAPITRE 2

VERBES IRRÉGULIERS

Infinitif	Andar	Caer	Dar	Decir	Estar	Haber
Présent de l'indicatif	ando andas anda andamos andáis andan	caigo caes cae caemos caéis caen	**doy** das da damos dais dan	**digo** dices dice decimos decís dicen	**estoy** est**á**s est**á** estamos estáis est**á**n	**he** **has** **has** **hemos** habéis **han**
Subjonctif présent	ande andes ande andemos andéis anden	**caiga** **caigas** **caiga** **caigamos** **caigáis** **caigan**	d**é** des d**é** demos deis den	**diga** **digas** **diga** **digamos** **digáis** **digan**	est**é** est**é**s est**é** estemos estéis estén	**haya** **hayas** **haya** **hayamos** **hayáis** **hayan**
Impératif	anda ande andemos andad anden	cae caiga caigamos caed caigan	da dé demos dad den	**di** diga digamos decid digan	está esté estemos estad estén	
Indicatif imparfait	andaba andabas andaba andábamos andabais andaban	caía caías caía caíamos caíais caían	daba dabas daba dábamos dabais daban	decía decías decía decíamos decíais decían	estaba estabas estaba estábamos estabais estaban	había habías Había habíamos habíais habían
Passé simple	**anduve** **anduviste** **anduvo** **anduvimos** **anduvisteis** **anduvieron**	**caí** **caiste** **cayó** **caimos** **caisteis** **cayeron**	**di** **diste** **dio** **dimos** **disteis** **dieron**	**dije** **dijiste** **dijo** **dijimos** **dijisteis** **dijeron**	**estuve** **estuviste** **estuvo** **estuvimos** **estuvisteis** **estuvieron**	**hube** **hubiste** **hubo** **hubimos** **hubisteis** **hubieron**
Subjonctif imparfait	**anduviera** **anduvieras** **anduviera** **anduviéramos** **anduvierais** **anduvieran**	**cayera** **cayeras** **cayera** **cayéramos** **cayerais** **cayeran**	**diera** **dieras** **diera** **diéramos** **dierais** **dieran**	**dijera** **dijeras** **dijera** **dijéramos** **dijerais** **dijeran**	**estuviera** **estuvieras** **estuviera** **estuviéramos** **estuvierais** **estuvieran**	**hubiera** **hubieras** **hubiera** **hubiéramos** **hubierais** **hubieran**
Futur	andaré andarás andará andaremos andaréis andarán	caeré caerás caerá caeremos caeréis caerán	daré darás dará daremos daréis darán	**diré** **dirás** **dirá** **diremos** **diréis** **dirán**	estaré estarás estará estaremos estaréis estarán	**habré** **habrás** **habrá** **habremos** **habréis** **habrán**

Condition-nel	andaría andarías andaría andaríamos andaríais andarían	caería caerías caería caeríamos caeríais caerían	daría darías daría daríamos daríais darían	**diría** **dirías** **diría** **diríamos** **diríais** **dirían**	estaría estarías estaría estaríamos estaríais estarían	**habría** **habrías** **habría** **habríamos** **habríais** **habrían**
Participe présent	andando	cayendo	dando	diciendo	estando	habiendo
Participe passé	andado	caído	dado	**dicho**	estado	habido

Infinitif	Hacer	Ir	Oir	Poder	Poner	Querer
Présent de l'indicatif	**hago** haces hace hacemos hacéis hacen	**voy** **vas** **va** **vamos** **vais** **van**	**oigo** **oyes** **oye** **oímos** **oís** **oyen**	p**ue**do p**ue**des p**ue**de podemos podéis p**ue**den	**pongo** pones pone ponemos ponéis ponen	qu**ie**ro qu**ie**res qu**ie**re queremos queréis qu**ie**ren
Présent du subjonctif	**haga** **hagas** **haga** **hagamos** **hagáis** **hagan**	**vaya** **vayas** **vaya** **vayamos** **vayais** **vayan**	**oiga** **oigas** **oiga** **oigamos** **oigáis** **oigan**	p**ue**da p**ue**das p**ue**da podamos podáis p**ue**dan	**ponga** **pongas** **ponga** **pongamos** **pongáis** **pongan**	qu**ie**ra qu**ie**ras qu**ie**ra queramos queráis qu**ie**ran
Impératif	**haz** haga hagamos haced hagan	**ve** vaya vayamos id vayan	oye oiga oigamos oíd oigan	puede pueda podamos poded puedan	**pon** ponga pongamos poned pongan	quiere quiera queramos quered quieran
Imparfait de l'indicatif	hacía hacías hacía hacíamos hacíais hacían	iba ibas iba íbamos ibais iban	oía oías oía oíamos oíais oían	podía podías podía podíamos podíais podían	ponía ponías ponía poníamos poníais ponían	quería querías quería queríamos queríais querían
Passé simple	**hice** **hiciste** **hizo** **hicimos** **hicisteis** **hicieron**	**fui** **fuiste** **fue** **fuimos** **fuisteis** **fueron**	**oí** **oíste** **oyó** **oímos** **oísteis** **oyeron**	**pude** **pudiste** **pudo** **pudimos** **pudiste** **pudieron**	**puse** **pusiste** **puso** **pusimos** **pusisteis** **pusieron**	**quise** **quisiste** **quiso** **quisimos** **quisisteis** **quisieron**
Subjonctif imparfait	**hiciera** **hicieras** **hiciera** **hiciéramos** **hicierais** **hicieran**	**fuera** **fueras** **fuera** **fuéramos** **fuerais** **fueran**	**oyera** **oyeras** **oyera** **oyéramos** **oyerais** **oyeran**	**pudiera** **pudieras** **pudiera** **pudiéramos** **pudierais** **pudieran**	**pusiera** **pusieras** **pusiera** **pusiéramos** **pusierais** **pusieran**	**quisiera** **quisieras** **quisiera** **quisiéramos** **quisierais** **quisieran**

Futur	**haré** **harás** **hará** **haremos** **haréis** **harán**	iré irás irá iremos iremos irán	oiré oirás oiré oiremos oiréis oirán	**podré** **podrás** **podrá** **podremos** **podréis** **podrán**	**pondré** **pondrás** **pondrá** **pondremos** **pondréis** **pondrán**	**querré** **querrás** **querra** **querramos** **querráis** **querrán**
Condition-nel	**haría** **harías** **haría** **haríamos** **haríais** **harían**	iría irías iría iríamos iríais irían	oiría oirías oiría oiríamos oiríais oirían	**podría** **podrías** **podría** **podríamos** **podríais** **podrían**	**pondría** **pondrías** **pondría** **pondríamos** **pondríais** **pondrían**	**querría** **querrías** **querría** **querríamos** **querríais** **querrían**
Participe présent	haciendo	**yendo**	**oyendo**	pudiendo	poniendo	queriendo
Participe Passé	**hecho**	ido	**oído**	podido	**puesto**	querido

nfinitif	**Saber**	**Salir**	**Ser**	**Tener**	**Traer**	**Venir**	**Ver**
sent de dicatif	**sé** sabes sabe sabemos sabéis saben	**salgo** sales sale salimos salís salen	**soy** **eres** **es** **somos** **sois** **son**	**tengo** t**ie**nes t**ie**ne tenemos tenéis t**ie**nen	**traigo** traes trae traemos traéis traen	**vengo** v**ie**nes v**ie**ne venimos venís v**ie**nen	veo ves ve vemos veis ven
sent du ɔjonctif	**sepa** **sepas** **sepa** **sepamos** **sepáis** **sepan**	**salga** **salgas** **salga** **salgamos** **salgáis** **salgan**	**sea** **seas** **sea** **seamos** **seáis** **sean**	**tenga** **tengas** **tenga** **tengamos** **tengáis** **tengan**	**traiga** **traigas** **traiga** **traigamos** **traigáis** **traigan**	**venga** **vengas** **venga** **vengamos** **vengáis** **vengan**	vea veas vea veamos veáis vean
ɔératif	sabe sepa sepamos sabed sepan	**sal** salga salgamos salid salgan	**sé** sea seamos sed sean	**ten** tenga tengamos tended tengan	trae traiga traigamos traed traigan	**ven** venga vengamos venid vengan	ve vea veamos ved vean
ɔarfait de dicatif	sabía sabías sabía sabíamos sabíais sabían	salía salías salía salíamos salíais salían	**era** **eras** **era** **éramos** **erais** **eran**	tenía tenías tenía teníamos teníais tenían	traía traías traía traíamos traíais traían	venía venías venía veníamos veníais venían	**veía** **veías** **veía** **veíamos** **veíais** **veían**

Passé simple	**supe** **supiste** **supo** **supimos** **supisteis** **supieron**	salí saliste salió salimos salisteis salieron	**fue** **fuiste** **fue** **fuimos** **fuisteis** **fueron**	**tuve** **tuviste** **tuvo** **tuvimos** **tuvisteis** **tuvieron**	**traje** **trajiste** **trajo** **trajimos** **trajisteis** **trajeron**	**vine** **viniste** **vino** **venimos** **venisteis** **vinieron**	**vi** **viste** **vio** **vimos** **visteis** **vieron**
Subjonctif imparfait	**supiera** **supieras** **supiera** **supiéramos** **supierais** **supieran**	saliera salieras saliera saliéramos salierais salieran	**fuera** **fueras** **fuera** **fuéramos** **fuerais** **fueran**	**tuviera** **tuvieras** **tuviera** **tuviéramos** **tuvierais** **tuvieran**	**trajera** **trajeras** **trajera** **trajéramos** **trajerais** **trajeran**	**viniera** **vinieras** **viniera** **viniéramos** **viniérais** **vinieran**	**viera** **vieras** **viera** **viéramos** **vierais** **vieran**
Futur	**sabré** **sabrás** **sabrá** **sabremos** **sabréis** **sabrán**	**saldré** **saldrás** **saldrá** **saldremos** **saldréis** **saldrán**	seré serás será seremos seréis serán	**tendré** **tendrás** **tendrá** **tendremos** **tendréis** **tendrán**	traeré traerás traerá traeremos traeréis traerán	**vendré** **vendrás** **vendrá** **vendremos** **vendréis** **vendrán**	veré verás verá veremos veréis verán
Condition-nel	**sabría** **sabrías** **sabría** **sabríamos** **sabríais** **sabrían**	**saldría** **saldrías** **saldría** **saldría-** **mos** **saldríais** **saldrían**	sería serías sería seríamos seríais serían	**tendría** **tendrías** **tendría** **tendríamos** **tendríais** **tendrían**	traería traerías traería traeríamos traeríais traerían	**vendría** **vendrías** **vendría** **vendríamos** **vendríais** **vendrían**	vería verías vería veríamos veríais verían
Participe présent	sabiendo	saliendo	siendo	teniendo	**trayendo**	viniendo	viendo
Participe passé	sabido	salido	sido	tenido	**traído**	venido	**visto**

CHAPITRE 3

VERBES À AFFAIBLISSEMENT - VERBES À ALTERNANCE

Infinitif	Pedir	Sentir	Dormir
Présent de l'indicatif	p**i**do p**i**des p**i**de pedimos pedís p**i**den	s**ie**nto s**ie**ntes s**ie**nte sentimos sentís s**ie**nten	d**ue**rmo d**ue**rmes d**ue**rme dormimos dormís d**ue**rmen
Présent du subjonctif	p**i**da p**i**das p**i**da p**i**damos p**i**dáis p**i**dan	s**ie**nta s**ie**ntas s**ie**nta s**i**ntamos s**i**ntáis s**ie**ntan	d**ue**rma d**ue**rmas d**ue**rma d**u**rmamos d**u**rmáis d**ue**rman
Impératif	p**i**de p**i**da p**i**damos pedid p**i**dan	s**ie**nte s**ie**nta s**i**ntamos sentid s**ie**ntan	d**ue**rme d**ue**rma d**u**rmamos dormid d**ue**rman
Imparfait de l'indicatif	pedía pedías pedía pedíamos pedíais pedían	sentía sentías sentía sentíamos sentíais sentían	dormía dormías dormía dormíamos dormíais dormían
Passé simple	pedí pediste p**i**dió pedimos pedisteis p**i**dieron	sentí sentiste s**i**ntió sentimos sentisteis s**i**ntieron	dormí dormiste d**u**rmió dormimos dormisteis d**u**rmieron

Subjonctif imparfait	p**i**diera p**i**dieras p**i**diera p**i**diéramos p**i**dierais p**i**dieran	s**i**ntiera s**i**ntieras s**i**ntiera s**i**ntiéramos s**i**ntierais s**i**ntieran	d**u**rmiera d**u**rmieras d**u**rmiera d**u**rmiéramos d**u**rmierais d**u**rmieran
Futur	pediré pedirás pedirá pediremos pediréis pedirán	sentiré sentirás sentirá sentiremos sentiréis sentirán	dormiré dormirás dormirá dormiremos dormiréis dormirán
Conditionnel	pediría pedirías pediría pediríamos pediríais pedirían	sentiría sentirías sentiría sentiríamos sentiríais sentirían	dormiría dormirías dormiría dormiríamos dormiríais dormirían
Participe présent	p**i**diendo	s**i**ntiendo	d**u**rmiendo
Participe passé	pedido	sentido	dormido

VERBES EN ACER / OCER / UCIR - VERBES EN UIR

Infinitif	Conocer	Construir
Présent de l'indicatif	cono**z**co conoces conoce conocemos conocéis conocen	constru**y**o constru**y**es constru**y**e construimos construís constru**y**en
Présent du subjonctif	cono**z**ca cono**z**cas cono**z**ca cono**z**camos cono**z**cáis cono**z**can	constru**y**a constru**y**as constru**y**a constru**y**amos constru**y**áis constru**y**an

Impératif	conoce cono**z**ca cono**z**camos conoced cono**z**can	constru**y**e constru**y**a constru**y**amos construid constru**y**an
Imparfait de l'indicatif	conocía conocías conocía conocíamos conocíais conocían	construía construías construía construíamos construíais construían
Passé simple	conocí conociste conoció conocimos conocisteis conocieron	construí construiste constru**y**ó construimos construisteis constru**y**eron
Subjonctif imparfait	conociera conocieras conociera conociéramos conocierais conocieran	constru**y**era constru**y**eras constru**y**era constru**y**éramos constru**y**erais constru**y**eran
Futur	conoceré conocerás conocerá conoceremos conoceréis conocerán	construiré construirás construirá construiremos construiréis construirán
Conditionnel	conocería conocería conocería conoceríamos conoceríais conocerían	construiría construirías construiría construiríamos construiríais construirían
Participe présent	conociendo	constru**y**endo
Participe passé	conocido	construido

7

UN PEU DE GRAMMAIRE

Vous trouverez dans cette partie quelques points de grammaire qu'il faut absolument savoir en BTS avec des remarques simples, sur lesquelles une majorité d'étudiants commettent des erreurs.

Ne les négligez pas, ils peuvent vous être très utiles.

CHAPITRE 1
LA PRONONCIATION & L'ACCENTUATION

Savoir bien prononcer une langue étrangère est primordial pour se faire comprendre et aussi pour être plus à l'aise. Voici donc un « mini-cours » pour vous aider à bien prononcer en espagnol.

LES VOYELLES

En espagnol, on dénombre 6 voyelles tout comme en français mais **on considère parfois le Y comme une consonne.**

- le A, I, O se prononcent comme en français
- le E se prononce comme le é français. Le E muet n'existe pas en espagnol
- le U se prononce comme le OU français

LES CONSONNES

- Les consonnes B, D, F, H, K, L, M, N, P, Q, T, X se prononcent comme en français.
- Le J appelé « jota » est comme un « R raclé » au fond de la gorge. Placé devant n'importe quelle voyelle, il aura toujours le même son.
- Le S se prononce comme si vous aviez SS en français donc comme dans le mot « tasse ».
- Le V se prononce toujours comme un B.
- Le Z se prononce avec la langue entre les dents.
- Le C se prononce avec la langue entre les dents devant un E et un I (comme le TH anglais de ***think***). Par contre, il se prononce K devant A, O, U.
- Le G se prononce comme la jota devant un E et un I. Par contre il se prononce comme dans « garçon » devant A, O, U.
- Le CH se prononce comme le mot français « tchèque ».
- Le LL se prononce comme dans « yoyo ».
- Le Ñ se prononce comme « GN » dans « montagne ».

L'ACCENTUATION

Un mot espagnol comporte toujours une syllabe plus accentuée que les autres, on l'appelera accent tonique.

- Les mots se terminant par une voyelle, un N ou un S s'accentuent sur l'avant-dernière syllabe.
- Les mots se terminant par une voyelle autre que N ou S s'accentuent sur la dernière syllabe.
- Lorque l'accentuation d'un mot n'obéit à aucune de ces deux règles, alors il aura un accent écrit sur la voyelle accentuée.
- Dans un mot, la voyelle tonique est toujours la même, donc il est parfois nécessaire d'écrire l'accent lorque le mot est au pluriel, en cas d'enclise…

    Joven / jóvenes

- Pensez aussi que les mots se terminant en ION prennent toujours un accent sur le O : ***camión***. Par contre l'accent disparaît au pluriel, donc on écrira ***camiones.***

CHAPITRE 2
LES NUMÉRAUX

LES CARDINAUX

1 uno	11 once	30 treinta	400 cuatrocientos
2 dos	12 doce	40 cuarenta	500 quinientos
3 tres	13 trece	50 cincuenta	600 seiscientos
4 cuatro	14 catorce	60 sesenta	700 setecientos
5 cinco	15 quince	70 setenta	800 ochocientos
6 seis	16 dieciséis	80 ochenta	900 novecientos
7 siete	17 diecisiete	90 noventa	1000 mil
8 ocho	18 dieciocho	100 ciento	10 000 diez mil
9 nueve	19 diecinueve	200 doscientos	100 000 cien mil
10 diez	20 veinte	300 trescientos	1 000 000 un millón

À RETENIR

- À partir de 31 il y a toujours la conjonction Y entre les dizaines et les unités.

> *Treinta y uno, cincuenta y cinco, trescientos noventa y tres*

- La traduction de milliard est *Mil millones*.
- *Millar* : millier
- *Mil* est invariable
- Les centaines de 200 à 900 qui ont la marque du pluriel s'accordent toujours en genre et en nombre avec le nom qui suit

> *Tenemos trescientas personas en este hotel*

LES ORDINAUX

1er Primero	11ième Undécimo
2ième Segundo	12ième Duodécimo
3ième Tercero	13ième Decimotercero
4ième Cuarto	14ième Decimocuarto
5ième Quinto	15ième Decimoquinto
6ième Sexto	16ième Decimosexto
7ième Séptimo	17ième Decimoséptimo
8ième Octavo	18ième Decimoctavo
9ième Noveno	19ième Decimonono
10ième décimo	20ième Vigésimo

À RETENIR

- ***Primero*** et ***tercero*** s'apocopent (perdent leur « o » final) lorsqu'ils sont placés devant un nom masculin / singulier

> *Es el primer momento ; es el tercer resultado*

- Attention pour les siècles.

> ***El siglo veinte*** : le XXe siècle ; ***el siglo veintiuno*** : le XIe siècle

CHAPITRE 3

L'APOCOPE

QU'EST-CE-QUE L'APOCOPE ?

Il s'agit de la **chute de la voyelle finale ou d'une consonne finale de certains adjectifs**.

Voici quelques-uns des mots qui obéissent à cette règle :

- ils perdent leur « o » devant un nom masculin / singulier

  primero (premier) *bueno / alguno* (quelque)
  tercero (troisième) *malo*
  ninguno (aucun)

  > *Es el primer jugador español más famoso.*
  > *El tercer mundo*
  > *Ningún partido* : aucun match

- *Grande* devient *gran* devant un nom masculin ou féminin singulier.

  > *Una gran casa*
  > *Un gran coche*

- *Reciente* devient *recién* devant un participe passé.

  > *El mundo recién descubierto*

- *Tanto* et *cuanto* perdent leur syllable finale « to » lorsqu'ils sont situés devant un adjectif ou un autre adverbe.

  > *Son tan simpáticos* : ils sont tellement sympathiques
  > *¡Cuan linda es !* : combien elle est belle

- *Ciento* devient *cien* devant un nom ou devant *mil* ou *millones*

  > *Cien familias*
  > *Cien mil euros*

CHAPITRE 4
LE SUPERLATIF ET LE COMPARATIF

LE SUPERLATIF

1 LE SUPERLATIF RELATIF (LE PLUS / LE MOINS)

- Il se forme avec l'article défini (*el / la / los / las*) + *menos* ou *más* devant un adjectif.

    Es la más guapa

- Il se forme avec *lo* + *menos* ou *más* devant un adverbe.

    Es lo más pronto posible : c'est le plus tôt possible

- Si le superlatif est placé après le nom, l'article défini disparaît (ce qui n'est pas le cas en français).

    Es la chica más guapa : c'est la fille la plus belle

À RETENIR

Attention à ces 2 irréguliers :

- ***Bueno*** devient ***mejor***
- ***Malo*** devient ***peor***

2 LE SUPERLATIF ABSOLU (TRÈS / EXTRÊMEMENT)

- Il se forme avec l'adverbe *muy* ou avec le suffixe *ísimo/a*

    Eres muy joven

    Eres jovenísima : tu es très jeune

À RETENIR

- Certains mots peuvent avoir des modifications orthographiques.

> *Rico : riquísimo*

> *Veloz : velocísimo*

- L'adjectif terminé en –able ou –ible a un superlatif en –bilísimo

> *favorable : favorabilísimo*

LE COMPARATIF

1 LE COMPARATIF DE SUPÉRIORITÉ OU D'INFÉRIORITÉ

- *Más ... que*

  Es más sensible que los otros
- *Menos ... que*

  Es menos sensible que los otros

2 LE COMPARATIF D'ÉGALITÉ

- Avec un adjectif on utilisera le comparatif d'égalité ***tan ... como***

  Es tan inteligente : il est tellement intelligent
- Avec un verbe on utilisera le comparatif d'égalité ***tanto ... como***

  ¡Cantó tanto que se le quitó la voz !
- Avec un substantif (nom) on utilisera le comparatif d'égalité ***tanto / a / os / as ... como*** (donc il s'accorde en genre et en nombre avec le nom qui suit)

  Tiene tantas responsabilidades en esta empresa

CHAPITRE 5
SER / ESTAR

CAS OÙ L'ON EMPLOIE TOUJOURS SER

- Devant un nom ou un pronom
  Soy isabel
  Es él
- Devant l'origine, la nationalité
  Soy española
  Eres de América Latina
- Devant la matière d'un objet
  Esta silla es de madera : cette chaise est en bois
- Pour exprimer l'heure
  Son las dos
- Devant un numéral
  Son 25

CAS OÙ L'ON EMPLOIE TOUJOURS ESTAR

- Pour exprimer une situation dans le temps ou l'espace
  Estamos en tu tienda : nous sommes dans ta boutique
- Pour exprimer une situation passagère ou décrire un état
  Hoy, estoy enferma : aujourd'hui je suis malade
- *Estar* + gérondif : pour exprimer la durée d'une action
  Estamos haciendo las maletas : nous sommes en train de faire les valises.

À RETENIR

Dans certains cas on peut employer ***ser*** ou ***estar,*** mais le sens de la phrase change.

- Placé devant un adjectif, ***ser*** exprime une caractéristique essentielle

> ***El hombre es rubio*** : l'homme est blond

> ***Es enfermo*** : il est malade (maladie incurable)

- Placé devant un adjectif, ***estar*** exprime un état passager

> ***Estoy enfermo*** : je suis malade (aujourd'hui)

- Placé devant un participe passé, ***ser*** exprime une action en cours ; c'est la voix passive

> ***El edificio ha sido construido en 1985***

- Placé devant un participe passé, ***estar*** exprime le résultat d'une action

> ***Los almacenes están cerrados***

Ser listo : être intelligent / ***Estar listo*** : être prêt
Ser vivo : être vif d'esprit / ***Estar vivo*** : être vivant
Ser nuevo : être neuf / ***Estar nuevo*** : être nouveau

CHAPITRE 6
L'OBLIGATION

Pour exprimer l'obligation en espagnol, il existe différentes manières.

L'OBLIGATION PERSONNELLE

- *Tener que* + V à l'infinitif

  Tengo que comprar un nuevo coche : je dois acheter une nouvelle voiture
- *Deber*+ V à l'infinitif (implique un devoir moral)

  Debemos luchar contra las desigualdades: nous devons lutter contre les inégalités
- *Es necesario que*
- *Hace falta que*
- *Es preciso que*
- *Es menester que*

} + subjonctif

  Hace falta que vayamos a ver a la secretaria : il faut que nous allions voir la secrétaire

Ces expressions sont toutes des synonymes et ont le sens de « il est nécessaire que » ou « il faut que ». Pour la conjugaison des verbes au subjonctif, voir les tableaux de conjugaison de la partie 6.

L'OBLIGATION IMPERSONNELLE

- *Es necesario*
- *Hace falta*
- *Es menester*
- *Es preciso*
- *Hay que*

} + V à l'infinitif

Es necesario llegar antes que ellos : il faut arriver avant eux

CHAPITRE 7

LES EMPLOIS DU SUBJONCTIF DANS LES SUBORDONNÉES

En espagnol tout comme en français, l'emploi du subjonctif est récurrent. Il est donc impératif de le connaître. Vous allez trouver dans ce chapitre quelques cas où l'on doit obligatoirement utiliser le subjonctif.

- Dans les **subordonnées temporelles** : après les mots tels que ***hasta** que, cuando, en cuanto,* on utilisera du subjonctif présent si la principale est au futur ou à l'impératif.

  En cuanto lo sepa : dès qu'il le saura (remarquez qu'en français nous utilisons un futur)

- Dans les **subordonnées** commençant par *como* qui **expriment un souhait ou une condition**

  Como quieras : comme tu voudras

- Dans les **subordonnées relatives exprimant un fait qui n'a pas encore eu lieu**

  Me podéis proponer todo lo que deseéis.

- Dans les subordonnées introduites par *aunque* (même si)

  Aunque pueda explicarlo, no lo hará : même s'il peut lui expliquer, il ne le fera pas

- Dans les subordonnées exprimant une demande

  Pedir que
  Rogar que } + subjonctif
  Suplicar que

  Te pido que hagas tus deberes : je te demande de faire tes devoirs

- Dans les **subordonnées exprimant un souhait, un désir**

  Desear que
  Querer que } + subjonctif

  Desean que lo hagan cuanto antes : ils désirent qu'ils le fassent dès que possible

- Dans les **subordonnées exprimant un but**

  *Por supuesto, **para que** sea más fácil, confía en ti* : bien évidemment, pour que ce soit plus facile, aie confiance en toi

- Dans les subordonnées avec un verbe d'opinion à la forme négative

  No creer que
  No pensar que } + subjonctif

  *No **creo** que su presencia **sea** necesaria*

À RETENIR

À la forme affirmative, avec les verbes ***pensar*** et ***creer,*** on utilisera l'indicatif.

> *Pienso que lo hará*

> *Creemos que lo pedirán*

- Dans une **subordonnée exprimant un ordre, un conseil**

  Aconsejar que }
  Pedir que } + subjonctif
  Decir que }

  El médico nos aconseja que pratiquemos un deporte

À RETENIR

Attention, si après ***decir que*** on souhaite exprimer une affirmation, il ne faut pas utiliser du subjonctif mais de l'indicatif.

> *En la radio dicen que ahora hay un grave accidente* (affirmation)

Attention à la concordance des temps avec les structures que nous venons d'énumérer.

(voir le chapitre 8, partie 7)

CHAPITRE 8

LA CONCORDANCE DES TEMPS

En espagnol, la concordance des temps est très importante. En fonction du temps employé dans la proposition principale, vous aurez soit du subjonctif présent soit du subjonctif imparfait.

Voici un schéma pour vous aider à comprendre.

Si le temps de la principale est	Alors le temps de la subordonnée est
- présent de l'indicatif - futur de l'indicatif - passé composé - impératif	subjonctif présent

No creo que sea una buena razón : je ne crois pas que cela soit une bonne raison

Si le temps de la principale est	Alors le temps de la subordonnée est
- imparfait de l'indicatif - passé simple de l'indicatif - conditionnel présent	subjonctif imparfait

No creí que fuera una buena razón : je n'ai pas cru qu'il s'agissait d'une bonne raison

8

CORRECTIONS DES EXERCICES PARTIE 3

CHAPITRE 1

DOCUMENT N°1

1 VOCABULARIO

le marché du travail
le stage
tout comme
la recherche
le service
un salaire
malgré tout

2 COMPRENSIÓN

a. Falso : « Para mitigar… era denostada ».
b. Falso : « Las prácticas son una buena oportunidad ... estudiadas ».
c. Falso : « Hay que recurrir a todos los contactos posibles ».
d. Verdadero : « las empresas les exigen experiencia antes de dar oportunidades ».

3 EXPRESIÓN

a. Quelques idées :

Ventajas	Inconvenientes
- Buena oportunidad para entrar en el mercado - Factor clave de inserción laboral - Permiten adquirir conocimientos - Permiten adquirir experiencia - Oportunidad para encontrar un trabajo indefinido en esta misma empresa al salir de los estudios	- Las prácticas no suelen ser remuneradas - Muchas veces las prácticas no corresponden con lo que pide la escuela - A veces se exige que la persona haga el mismo trabajo que un empleado que tiene 20 años de experiencia - Algunos empleados no forman

b. Hoy en día, encontrar prácticas es complicado ya que muchas empresas cierran sus puertas cuando un joven sin experiencia se presenta para hacer prácticas. Además los candidatos son cada vez más numerosos, pues la competencia es tremenda (la concurrence est rude). Ciertas empresas prefieren no aceptar estudiantes para efectuar prácticas porque por una parte temen que no hagan bien las tareas pedidas y por otra parte porque no tienen el tiempo de formarles.

DOCUMENT N°2

1 VOCABULARIO

una entrevista	un rompecabezas	una pantalla
los pañales	desalojar	una pregunta
desarrollar	un herramienta	una prueba
complicado	la competencia	entrevistas encadenadas

2 EXPRESIÓN

a. Una entrevista encadenada significa que para un mismo candidato y para un mismo puesto hay que pasar por múltiples entrevistas las unas tras las otras (***les unes à la suite des autres***).

b. Respuesta libre

Idée : Me gustaría más bien una entrevista presencial porque es más tradicional. Me siento mejor cuando veo realmente a una persona que via Skiape. No me siento natural con la pantalla (écran), es como una barrera virtual.

c. ¿Cuántas vacas hay en Canadá ? / ¿Cuántas pelotas de golf en un autobús escolar ? / ¿Cuántas veces al día se superponen las agujas de un reloj ?

A mi parecer estas preguntas sirven para ver como el candidato va a reaccionar ante tales preguntas. Son preguntas difíciles a las cuales pocas personas pueden contestar y que no tienen nada que ver con el puesto propuesto.

d. Diálogo

- Empleador : «¡ Buenos días Señor Gonzales !,siéntese por favor»

- Candidato : « Buenos días Señor Rubén »

- E : ¿A usted le interesaría hacer prácticas en mi empresa, no ?

- C : Si exactamente, por eso le mande mi candidatura.

- E : ¿Explíqueme un poco más cuál es su formación ?

- C : Pues estoy en segundo año de Técnico Superior en marketing en Francia y necesito encontrar prácticas de prospección en España. Creo que su empresa hace mucha prospección con el exterior, ¿no ?

- E : Sí, exactamente. Estamos buscando a nuevos clientes en el exterior y por eso recurrimos a estudiantes. ¿Usted tiene conocimientos en prospección, comercialización y comunicación ?

- C : Pues, tengo efectivamente conocimientos teóricos en estos dominios y son dominios que me interesan mucho. Me gustaría especializarme en prospección y comercio.

- E : ¡Vale ! Y ¿cómo se definiría usted ?

- C : Diría que soy una persona autónoma y siempre implicada en lo que hago. Me gustan los desafíos. Si me acepta en su empresa puede estar seguro de que no le defraudaré (je ne vous décevrai pas).

- E : Bueno, tengo que ver a dos otros candidatos, le daré mi respuesta esta tarde, ¿vale ?

- C : Bueno, de acuerdo. Muchas gracias por esta entrevista y espero que nos veamos pronto. ¡Hasta luego Señor Rubén !

- E : ¡Hasta luego !

CHAPITRE 2

DOCUMENT N°1

1 VOCABULARIO

el placer	desarraigo	la década
despacho	aislamiento	crecer
el testimonio	buscar	dudar
el ocio	de arriba abajo	advertir
el teletrabajo	la ventaja	fijar
herramientas	la gente	fomentar

2 COMPRENSIÓN

a. El teletrabajo es una nueva manera de trabajar que nació en Estados Unidos. Permite a un empleado trabajar desde su casa toda la semana o solamente algunos días cada semana.

b. 2 ventajas : « favorece la conciliación familiar y laboral » ; permite gestionar el « tiempo de trabajo y ocio » y dar « libertad ».

3 TRADUCCIÓN

Revenir à un horaire fixe, rigide, me serait difficile ». C'est le témoignage de Julián Isla, responsable de Microsoft Espagne, qui depuis 5 ans a son bureau chez lui. « Gérer mon temps de travail et de loisir me donne de la liberté ». Le futur c'est le télétravail. »

C.P de Telefónica télétravaille depuis moins longtemps, depuis juillet, mais elle n'hésite pas une seconde à qualifier l'expérience comme étant géniale ».

4 EXPRESIÓN

Réponse libre. Voici quelques idées pour la première partie de la question.

A mí no me gustaría teletrabajar porque no creo que tenga el perfil adecuado. Necesito tener un jefe a mi lado para realizar las tareas rápidamente y hacerlas bien. Con el teletrabajo me costaría gestionar mi tiempo de trabajo. Además necesito un contacto regular con colegas lo que no sería posible con el teletrabajo.

Deuxième partie de la question, quelques idées.

Ventajas	Inconvenientes
- Permite conciliar vida familiar y profesional (tener tiempo para sus hijos, ir a la escuela, para ir al médico...) - Gestionar su tiempo de trabajo - No perder tiempo en los transportes - Da confianza al teletrabajador...	- Desarraigo - Aislamiento : si trabaja toda la semana en casa puede que se sienta desconectado de la vida social - Pasar demasiado tiempo para trabajar o lo contrario - Dificultades para fijarse límites - Para resolver un problema no puede contar con sus colegas...

DOCUMENT N°2

1 COMPRENSIÓN

a. Este documento titulado el 30% de las mujeres deja el trabajo para cuidar de sus hijos fue sacado del « Diario Córdoba » y fue escrito el 29 de enero de 2013. Este artículo de prensa trata de las desigualdades entre los hombres y las mujeres para conciliar vida familiar y profesional lo que provoca sacrificios.

b. Ce document met en avant l'inégalité existante entre les hommes et les femmes face aux tâches ménagères et à l'éducation des enfants en se basant sur une étude faite auprès de familles andalouses. A cause de cette inégalité, certaines femmes changent de travail ou même arrêtent de travailler.

Les entreprises sont en partie responsables de cette situation car elles ne proposent pas assez de flexibilité quant à l'amplitude horaire au travail par exemple.

2 EXPRESIÓN

a. Las consecuencias de esta desigualdad tienen repercusiones inmediatas sobre la carrera profesional de algunas mujeres. En efecto no es raro que renuncien a « ascensos », otras deciden dejar de trabajar por sus hijos...

Además muchas familias mudan no por elección sino por obligación profesional, otras aplazan la maternidad o paternidad.

b. Para resolver este problema las familias proponen flexibilizar los horarios, "que haya guarderías en las empresas y más ayudas económicas ».

c. Respuesta libre.

ENTRAÎNEMENT ORAL : VIDÉO

1. Es un documento vídeo titulado a ritmo español sacado de TVE. Es un reportaje en el cual tenemos la entrevista de Ignacio Buqueras y de varias personas.

2. Tema : los horarios españoles y la singularidad de este país frente al resto de la Unión Europea.

3. 1975

4. Los cines y los teatros cerraban sus puertas a las 24 horas. Sin embargo esto no cambió nada en cuanto a los hábitos de los españoles.

5. 50 minutos menos

6. Los años previos a la guerra civil y los anteriores fueron años difíciles, años de hambre, de sacrificio. Normalmente las personas con un solo sueldo no podían vivir. Tenían uno por la mañana y otro por la tarde. Eso es una de las causas de que España cambiará sus horarios.

7. Años 70

8. Recuperar horas en favor del tiempo individual

9. 200 más horas

10. Un 9%

11. El señor dice que está contento tener la guardería aquí o sea a su trabajo. Su mujer también recoge fácilmente a su hija.

12. 12 000 personas. Hay un pequeño centro comercial además de una guardería y gimnasio.

13. Esta mujer habla del teletrabajo. Dice que antes de la confianza, hay que trabajar con compromiso no con obligaciones. Para ella, desde la confianza no hace falta que el empleador nos vea.

CHAPITRE 3

DOCUMENT N°1

1 VOCABULARIO

las redes sociales	los datos	un perfil	un usuario
la venta	anglosajón	un buscador	velar
el internauta	el uso	el consumo	cualquier otro

2 COMPRENSIÓN

a. Los que suelen utilizar las redes sociales son los adultos, los niños y los adolescentes.

b. Sí, « un gran número de internautas españoles recurren a ella para hacerse amigos ».

c. El mayor problema que se plantea es « que el 43% de los usuarios tiene configurado su perfil de forma que puede ser visto por cualquier internauta. »

3 TRADUCCIÓN

a. Aujourd'hui on sait que 43% des utilisateurs ont configuré leur profil de façon à être vu par n'importe quel internaute. Savez-vous exactement quelle utilisation de vos informations personnelles font les propriétaires de ces plateformes ?

b. L'internaute est sans défense face à cette réalité et n'est pas encore conscient des conséquences auxquelles il s'expose en mettant une information privée sur les réseaux sociaux.

DOCUMENT N°2 : ENTRAÎNEMENT ORAL - VIDÉO

1. Este documento vídeo se titula las redes sociales y el empleo. Fue sacado de CNN. Concierne la influencia de las redes sociales sobre el empleo.

2. Los recién graduados de las Universidades estadounidenses.

3. Experience : es una empresa de servicio. Las redes sociales más usadas son Facebook y Linkedin.

4. ¿Cómo Facebook y Twitter le pueden ayudar a que él pueda alcanzar un trabajo en Perú o fuera ?

5. Sí. Lo que importa es el cómo. Facebook y Twitter son las mejores redes sociales que se pueden usar para buscar empleos. Lo que se pone en estas redes debe servir.

6. A veces se ponen fotos de cuando éramos jóvenes, bebiendo una cerveza. Esto da una mala imagen.

7. Cuando contratan a una persona nueva ponen el nombre en Google y empiezan a buscar en las redes sociales para ver si hay algo negativo. Da una señal de su identidad.

DOCUMENT N°3

1 COMPRENSIÓN

a. Este documento cuyo título es « escapadas detox : ni móvil ni wifi ni portatil, por favor », es un artículo de prensa sacado de Cincodías.com el 2 de enero de 2015. Trata de las escapadas llamadas détox en las cuales se prohiben el uso de cualquier aparato de telecomunicación.

b.

- Proviene de Estados Unidos.
- Los primeros en adaptarlo fueron los directivos que sufrían un exceso de hiperconectividad.
- Las Islas Caribeñas de San Vicente y Las Granadinas, las cadenas como Vinci y Barceló.

2 EXPRESIÓN

a. Un turista digital detox es una persona que se va de vacaciones y que deja todos sus aparatos de telecomunicaciones como el móvil, la tableta. Va de vacaciones a un establecimiento que prohibe el uso de estos aparatos.

b. Respuesta libre . Voici quelques idées :

En lo que me concierne, diría que depende del lugar de vacaciones y con quien voy. En efecto si estoy con mi familia y mis amigos no me molestaría no tener mi móvil por ejemplo ya que lo uso para llamarlos pero estando con ellos no lo necesitaría. No tener una conexión Wifi tampoco me haría falta puesto que cuando me conecto es sobre todo para buscar artículos o cosas para la escuela.

Por el contrario, si me voy sola, tener mi móvil, la televisión... sería imprescindible, me aburriría sin todo eso y me haría falta estar el contacto con mis amigos y mi familia.

3 EJERCICIO

Dejaron – Entregó – organizó.

DOCUMENT N°4

1 COMPRENSIÓN

a. Ce document est un article récent qui parle de la vente en ligne encore peu développée en Espagne dans certaines enseignes pour diverses raisons.

b. Razones :

- « las grandes cadenas quieren que la gente vaya a las tiendas y no compre sólo lo que necesita, sino que le tienten otras cosas.
- « Muchas de ellas no han dado con una fórmula de negocio bastante solvente »
- « Venta cara y márgenes bajos ».

c. Las grandes compañías quieren que los clientes compren otras cosas que las que necesitan es decir que gasten más.

2 EXPRESIÓN

Réponse libre. Quelques idées.

Prefiero comprar on line productos básicos como por ejemplo harina, mantequilla, agua, coca cola, yogures…así compro sólo lo que necesito y no me tienten otros productos que no son imprescindibles (indispensables). Además no pierdo tiempo y la verdad es que no me gusta ir de compras cuando no se trata de comprar ropa, zapatos...

Sin embargo para comprar productos frescos como las verduras, las frutas, la carne, el pescado voy directamente a una tienda especializada cerca de mi casa o al mercado. Estoy segura de tener productos de calidad y frescos y puedo elegir lo que me da la gana.

CHAPITRE 4

DOCUMENT N°1

1 VOCABULARIO

l'utilisation	emmener	tuer
pendant que	croître	attendre
mettre en relief	l'heure suivante	le taux
les achats compulsifs	avoir l'habitude de	l'essor

2 COMPRENSIÓN

a. El documento cuyo título es « el smartphone...compulsivos » fue sacado del periódico El País el 15 de enero de 2014. Trata de la « influencia » que tienen los smartphone sobre nuestra manera de consumir.

b. Primera parte : L1 -14 : « el smartphone .... Tenido previsto » : la gente lleva el móvil en cualquier parte y se vuelve un comprador compulsivo.

Segunda parte : L 15- 23 : « No sólo .... Internet » : el móvil sirve para matar el tiempo (varios usos).

3 TRADUCCIÓN

La crise a peu d'effets sur les ventes de smartphones. La présence de téléphones mobiles permettant un accès rapide à Internet continue d'augmenter et son utilisation s'est tellement généralisée que 19 millions d'espagnols vivent connectés à leur mobile en attendant le bus, font la queue pour acheter le pain ou prennent le métro.

4 EXPRESIÓN

a. Réponse libre. Quelques idées :

Sí : es muy práctico ; no se pierde tiempo ; se hace en cualquier lugar y en cualquier momento ; me gusta hacerlo para las ventas privadas ; lo hago todos los días porque soy una compradora compulsiva...

No : no confío en los organismos que proponen ventas en internet ; prefiero ver el producto ; no veo ningún interés en comprar con el móvil ; prefiero hacerlo tranquilamente...

b. Réponse libre . Quelques idées :

Sí : todos los días, no podría prescindir (*je ne pourrais pas me passer*) del móvil. No sólo lo uso para llamar, mandar mensajes, sacar fotos sino también para comprar en internet...

No : lo uso sólo cuando lo necesito es decir sólo para llamar cuando es vital. Mi móvil es muy simple y no tengo internet. Prefiero hablar directamente con los otros.

DOCUMENT N°2

1 VOCABULARIO

previo	las rebajas	descuento	alcanzar
un alza de las ventas	gastar	prever	en lugar de
la facturación	fiel		

2 EXPRESIÓN

a. Cuando se dice que las rebajas « ya no son lo que eran » significa que el cliente ya no las espera tanto como antes. Estoy totalmente de acuerdo con esta afirmación. En efecto existen las rebajas de invierno y de verano desde mucho tiempo pero ahora tenemos varios descuentos a lo largo del año. Pues los clientes no compran sólo durante las rebajas sino en otros momentos. Entonces las rebajas no son tan interesantes como antes.

b. Réponse libre. Quelques idées.

Durante las rebajas, puedo decir que soy un consumidor pensativo. No voy a comprar cualquier cosa. A pesar de que un artículo esté rebajado de un 70% voy a ver antes si lo necesito realmente o no. No soy como las personas que cada año gastan la mitad de su sueldo mensual el primer día de las rebajas.

DOCUMENT N° 3

1 COMPRENSIÓN

a.

quizás	de segunda mano	un cambio	el alquiler
temer	un hogar	rebelde	el dominio
compartir	a raíz de		

b. Ce document intitulé « el consumidor rebelde, un nuevo perfil nacido con la crisis » extrait de ***la Vanguardia*** en 2015 traite des nouvelles façons de consommer en Espagne.

Opter pour des produits d'occasion, de troc ou de consommation collaborative est devenue monnaie courante pour un quart des citoyens espagnols afin de contrer la crise. Ces citoyens accusent les grandes compagnies de jouer un rôle social dans la crise et cherchent donc des solutions afin de pallier à ce problème.

C'est ainsi que certains consommateurs changent de mentalité et deviennent rebelles en tournant de fait, le dos aux entreprises. Ils considèrent ainsi que ce nouveau mode de consommation est plus sain et cette tendance est de plus en plus approuvée.

Aujourd'hui « l'économie de guerre » est donc de circonstance pour de nombreux foyers espagnols.

(128 mots)

2 EXPRESIÓN

a. Esta frase significa que un cuarto (un quart) de la población ya no confía en las grandes empresas y pues decide no comprar allí

b. A mi parecer el cambio de mentalidad en cuanto a la manera de consumir se puede explicar por varios factores. El primero y más importante es la crisis económica y financiera. En efecto desde 2008 muchos países están tocados por la crisis y esto tiene consecuencias irreversibles sobre su poder adquisitivo, a veces sobre su trabajo…

Segundo, debido a todo eso, la gente es más racional que antes. Busca los productos al mejor precio posible comparando las ofertas que sea en las tiendas o en internet. Eso es algo que ahora muchas personas practican como si formara parte de su cotidiano.

Por fin, la llegada del euro no hizo bajar los precios más bien todo lo contrario. Entonces se recurre al trueque o a la compra de segunda mano ya que no tienen otra opción. Necesitan encontrar estrategias para competir con la crisis y sobrevivir.

c. Hoy en día, comprar productos de segunda mano es algo que forma parte de nuestro cotidiano. Pues es otra manera de consumir y conlleva muchas ventajas. Es fácil gracias a internet o tiendas especializadas encontrar un producto que puede aún servir mucho tiempo y que nos saldrá menos barato que si lo compramos nuevo. Entonces permite comprarse un producto que necesitamos a un buen precio.

Además permite a una familia comprarse más cosas sin gastar demasiado.

También podemos decir que el hecho de « dar otra vida » a un objeto es muy positivo para el planeta ya que no contaminamos.

Sin embargo, comprar artículos de segunda mano tiene inconvenientes. En efecto si compramos un artículo electrónico puede que no funcione mucho tiempo o que funcione mal. En estas condiciones no hay garantía.

Podemos añadir también que a veces pensamos comprar un producto original, de marca y en realidad no es más que un producto contrahecho.

DOCUMENT N°4

1 COMPRENSIÓN

a. Los Twins son niños de « 8 a 12 años que quieren parecerse al hermano mayor » es decir que quieren tener las mismas cosas que su hermano o hermana que tienen por ejemplo 16 años, entonces quieren cosas que en realidad no corresponden a su edad.

b. A Lupita le gustaría consumir productos de marcas, quiere ropa que le gusta, alimentos light. Además quiere un nuevo teléfono 2 veces al año para tener un producto que está de moda.

2 EXPRESIÓN

a. Sí a mi parecer el documento ilustra bastante bien el texto ya que representa una tierra que come una hamburguesa llena de marcas. Eso significa que las marcas nos invaden y que hay « una dinámica consumista » a la cual es difícil escapar.

b. Esta forma de consumir puede provocar :

- La contaminación del planeta
-Siempre querer más (dependencia). Nunca estar satisfecho de lo que tenemos
- Cuidar demasiado la apariencia. Ser egoísta
- Pensar que gracias a las marcas somos más fuertes
- Comprar de forma impulsiva, sin utilidad
- No darse cuenta del valor de las cosas, no ser consciente de lo que se compra.
- Individualización

CHAPITRE 5

DOCUMENT N°1

1 COMPRENSIÓN

a.

à peine	les assurances	le terme (le mot)	la moitié
le loyer	la population	commencer	un salarié
un poste	autour de	économiser,épargner	

b. Un « mileurista » désigne un jeune espagnol diplômé de l'enseignement supérieur et qui peine à trouver un travail avec un salaire supérieur à 1000 euros mensuel.

c. Angela López necesita 2 trabajos para llegar a fin de mes para pagar el alquiler, las facturas de gaz, luz, agua, comida… es vital para ella. Es simplemente para sobrevivir.

2 EXPRESIÓN

a. Esta frase significa que los niños sueñan con una vida, que en realidad, es inalcanzable, imposible a pesar de ser sencilla.

Esta frase es contradictoria a la situación de Angela López ya que a pesar de sus 29 años, no tiene nada de todo eso : no tiene hijos, no está casada, y no tiene una vida estable.

b. Réponse libre. Quelques idées :

Sí : Cualquier trabajo para sobrevivir/ prefiero un trabajo cualquiera en vez de estar en el paro/ no quiero depender de los otros / cualquier trabajo si es para un tiempo definido y corto.

No : Si hago estudios no es para hacer cualquier trabajo/ Cueste lo que cueste intentaría encontrar un empleo que podría corresponder a mis expectativas (attentes)/ no me sentiría bien al aceptar cualquier trabajo.

DOCUMENT N°2

1 COMPRENSIÓN

a. Irse de su país, una solución para los jóvenes españoles.

b. Tema : el paro que toca una gran parte de los jóvenes españoles y una solución : dejar su país para encontrar un empleo.

c. 15 años

d. « No hay salida » - « no hay trabajo para tantos desempleados » - « buscar una vida laboral digna » - « la necesidad de ampliar conocimientos » - « la falta de perspectivas vitales ».

2 EXPRESIÓN

a. Significa que es la generación que más estudios hizo. Muchos jóvenes españoles siguen una carrera universitaria y a pesar de todo no encuentran trabajo, antes no era el caso.

b. Réponse libre. Quelques idées.

Sí	No
- para una nueva cultura	- el temor *(la crainte)* al no poder adaptarse
- para aprender nuevas formas de trabajo	- preferencia por quedar en su país de origen cerca de su familia y de sus amigos
- mejor sueldo	- tener sus costumbres en Francia
- positivo sobre el CV	- dificultades al nivel de los idiomas
- abrirse a los otros	- problemas de comunicación
- espíritu aventurero	

c. Réponse libre. Quelques idées.

Es de notar que a algunas personas les gustaría encontrar un trabajo maravilloso para tener dinero. Algunos tienen lo que quieren pero son pocos. En efecto es verdad que actualmente es difícil tener un empleo indefinido, maravilloso, bien pagado. Entonces creo que esta afirmación es bastante correcta y justificada en 2016. Los efectos de la crisis siguen presentes y por consiguiente la dificultad de hacer un trabajo adaptado a nuestras expectativas.

DOCUMENT N°3 : ENTRAÎNEMENT ORAL - VIDÉO

1. Es un vídeo que fue sacado de Hispan TV y presentado por Oriol Puig. Entrevista a varios españoles que nos dan su punto de vista sobre la coyuntura actual española.

2. La emigración de los jóvenes españoles por culpa del paro

3. « No se van, los echan »

4. Se fue a Bruselas, no por el clima, no por la hipoteca. Es una manipulación de primer grado, no se van por el espíritu aventurero.

5. La tierra está enferma.

6. Un 50%

7. La precariedad

8. El exilio político y económico

9. Los jóvenes

10. Un contrato indefinido

11. Está indignada por el tema de la precariedad, de las condiciones laborales, de los contratos basuras.

12. Denuncian las consecuencias desastrosas de la reforma laboral aprobada por el PP (Partido Popular) y han propuesto su derogación.

13. Movimiento 15M

14. Plaza de Cataluña.

15. Protestan en contra de las polítias neoliberales que rigen Europa

16. En este documento vemos que una gran parte de los jóvenes está totalmente indignado por la situación en la cual se encuentran. Muchos culpabilizan al estado. Las manifestaciones se justifican por el paro que no disminuye y por todos los contratos basuras que hay. La crisis todavía no ha desaparecido y eso tiene consecuencias en España sobre la juventud, su manera de pensar, su optimismo…

CHAPITRE 6

DOCUMENT N°1

1. Yamaha es una marca japonesa de motos
2. Chupa chups es una marca española de caramelos
3. Corona extra es una marca mexicana de cerveza
4. Desigual es una marca española de ropa
5. Nokia es una marca finlandesa de móviles
6. Noel es una marca colombiana de galletas
7. Ikea es una marca sueca de muebles
8. Pemex es una marca mexicana de petróleo
9. Swatch es una marca suiza de relojes
10. Burger King es una marca española de comida rápida
11. Lego es una marca danesa de juguetes
12. Girasol es una marca ecuatoriana de aceite
13. Firestone es una marca estadunidense de neumáticos
14. Jaguar es una marca inglesa de coches
15. Panzani es una marca francesa de pastas

DOCUMENT N°2

1 COMPRENSIÓN

« La Magia del márketing », article tiré de ***Actualidad económica*** en 2002 traite de stratégies mises en place dans de grandes enseignes afin de mieux vendre.

Vendre n'est pas chose facile, telle est la constatation faite par toute personne ayant des responsabilités dans le marketing. Afin de pallier à ce problème, 5 grandes entreprises ont su améliorer leur produit et être de plus en plus inventives et compétitives leur permettant ainsi d'obtenir les meilleures hausses de leurs ventes.

Ce sont les directeurs de marketing appelés les mages des ventes qui sont à l'origine de ce succès et qui déploient de nouvelles stratégies de vente afin d'être des compétiteurs hors-pairs. Tous croient en leur produit, connaissent les attentes de l'acheteur et leurs investissements sont cohérents à la hausse de leurs ventes et donc de leur bénéfice. Leurs objectifs sont atteints grâce à des techniques publicitaires spécifiques et à l'image qu'ils donnent à leur marque.

(157 mots)

2 EXPRESIÓN

a. Hoy en día vender es como un arte, en efecto debido a la crisis que perdura en casi todos los países desde 2008, es cada vez más complicado vender. Varios factores pueden explicar esta situación.

En un primer tiempo el poder adquisitivo de los consumidores no deja de bajar, eso se debe a unos salarios que no aumentan mucho pero los precios en general son más elevados que hace algunos años. Entonces por culpa de esta crisis responsable también del paro, esta situación no permite a la gente comprar tanto como antes. Una gran parte de ellos dedica su salario a pagar el alquiler, la casa, la comida y no queda mucho o a veces nada para las cosas más futiles como la ropa, los ocios.

En un segundo tiempo, las entidades financieras son muy exigentes cuando alguien quiere hacer un préstamo que sea para una casa, un coche o electrodomésticos por ejemplo. Sin la ayuda de los bancos, muchas veces la compra se vuelve imposible.

En un tercer tiempo es de subrayar que la gente se acostumbra a pagar cualquier producto a un precio rebajado. Eso se debe a las ventas privadas que podemos tener en internet o en las tiendas. Entonces los clientes ya no suelen comprar en cualquier momento del año : saben que el artículo que quieren (un vestido por ejemplo) lo pueden comprar a mitad de precio durante las rebajas. Además la competencia es muy difícil entre las empresas : son varias las empresas que proponen los mismos artículos pero claro está con una relación calidad precio muy diferente. Entonces los clientes suelen comparar los precios entre las diferentes tiendas para hacer una buena ganga sin pensar siempre en la calidad.

b. A mi parecer, el ejecutivo ideal no existe porque no puede tener todas las cualidades que vamos a ver a continuación.

Lo que sí es importante es que sea un modelo para los otros empleados, siendo una persona muy profesional a quien le gusta mucho su trabajo. Tiene que conocer perfectamente su trabajo y tener una formación adecuada a su puesto.

Es preciso que tenga ganas de ir a trabajar para mostrar entusiasmo y trabajar así en buenas condiciones y en cohesión con su equipo.

Además es necesario que sea concienzudo, responsable y autónomo y que no le den miedo los desafíos.

Conocer el mercado es también imprescindible porque es la base para que por ejemplo en el caso de un comercial las ventas crezcan. Tener un espíritu innovador, competitivo son también otras claves para que un ejecutivo conozca el éxito.

DOCUMENT N°3

1 VOCABULARIO

fermer	vêtement	un accueil
croître	(ici) parvenir à	la taille
un loyer	dans les deux pays	dépasser

2 COMPRENSIÓN

a. Thomas Meyer
b. España - Francia - Japón - Oceania...
c. China
d. China
e. « lo elevado de los alquileres y las dificultades para tener grandes tiendas »

3 EJERCICIO

a. Era - Salía
b. Explicaban - daba - vendía - provenía - conseguía - solía

DOCUMENT N°4

1 PRIMERA PARTE

1. Hay marcas que mueven el mundo, identifican productos de las empresas, reflejan formas de vida, impulsan la imagen empresarial de un país. Son el motor de la economía española.
2. En China
3. Como un país dinámico y moderno
4. Desde hace dos décadas
5. Octava posición
6. « *Su posición … geoestratégica, su cultura e historia convierten a España en un puente que une Europa con el Norte de Africa y Latinoamérica.* »
7. Segunda potencia mundial
8. Estilo de vida, innovación, calidad.

2 SEGUNDA PARTE

1. Aceite de oliva, vino, freixenet, el jamón curado
2. El aceite de oliva
3. El jamón curado
4. Es un chef español muy reconocido por su buen hacer.Reconocido por el *New York Times Magazine* como el mejor cocinero del mundo.

3 TERCERA PARTE

1. Fiel reflejo del carácter creativo y de la modernidad del país

2. Zara

3. Adolfo Dominguez, Mango y Cimarrón

4 CUARTA PARTE

1. 60 000 millones

2. El legado histórico y cultural, la gastronomía española, el clima, los espacios naturales

3. Falso forma parte del estilo de vida de los españoles.

4. El Real Madrid, el Barcelona y el Atlético de Madrid

5. El fútbol, el tenis, la Formule 1….

6. El Corte Inglés

7. Circa

5 QUINTA PARTE

1. Seguros

2. Santander, BBVA, La caixa

3. Uno de los operadores de telecomunicaciones. 300 millones de clientes.

4. Escuelas de negocio español

6 SEXTA PARTE

1. Energía renovable

2. ... la desalación del agua... es otra técnica que España desarrolla y lidera desde hace más de 40 años.

3. Autopistas, ferrocarril de alta velocida y modernos aeropuertos.

4. Simula vuelos a las principales compañías chinas

5. Séptimo mayor productor

6. Produce autobuses interurbanos de lujo

7. Apoyo de la corona y colaboración del ICEX

CHAPITRE 7

DOCUMENTO N°1

1 COMPRENSIÓN

Ce document intitulé « luces ecológicas para salvar el planeta » de 2010 écrit par Arturo Cenzano traite d'un sujet d'écologie en présentant l'entreprise Illusyon qui a misé sur des luminaires écologiques.

L'originalité d'Illusyon repose sur une solution écologique complète à savoir sur les ampoules basse consommation et aussi sur les matériaux totalement recyclables. Déjà présente dans plusieurs pays le but de cette entreprise est de proposer sur le marché des produits attractifs d'un point de vue esthétique et respectueux de l'environnement. L'entreprise a par ailleurs recours aux technologies de pointe et aux dernières innovations.

Bien évidemment compte-tenu des matériaux utilisés le prix initial est élevé mais très vite compensé par la durée de vie des produits et leur faible consommation. Néanmoins Illusyon se heurte à la méconnaissance des avantages d'un produit nouveau chez les consommateurs. Ainsi l'idée d'Illusyon est surtout plébiscitée dans les pays ayant une conscience écologique accrue.

L'objectif de l'entreprise est d'éclairer sans polluer et afin de faire connaître leurs convictions ils s'aident de leur site officiel et des réseaux sociaux.
(185 mots)

2 EXPRESIÓN

A mi modo de ver, una empresa como Illusyon que decide apostar por la « moda ecológica» es decir proponiendo productos ecológicos, estéticos que están muy de moda va a confrontarse a ventajas pero también a inconvenientes.

En un primer tiempo es de subrayar que la ecología forma parte de nuestro cotidiano, por lo menos en los países desarrollados y emergentes y pues muchas personas son sensibles a este respeto por el planeta. Con el caso de Illusyon nos damos cuenta de que ésta responde a esta preocupación, que aliada a la estética, crea un producto útil, innovador y ecológico. Las empresas que tienen estas mismas ideas pueden por consiguiente aumentar sus ventas, su facturación. Muchas veces logran fidelizar su clientela y ganar clientes para diferenciarse de la competencia. Además no hay que olvidar que todas les empresas que son respetuosas con el medio ambiente, mejoran su imagen de marca lo que no es desdeñable actualmente.

De momento en este sector hay pocos competidores y la ecología es un mercado nicho, un mercado en expansión con buenas perspectivas de negocio con la posibilidad de asentarse en el mercado cuando despegue el sector y los otros competidores.

En un segundo tiempo, cabe recordar que la moda es efímera aunque podamos pensar que la ecología tiene aún una larga vida. Es necesario que estas empresas ecológicas se preocupen de otras cosas como por ejemplo internacionalizarse o participar en causas humanitarias si algún día no quieren fracasar.

El mayor problema de proponer productos ecológicos es que son muy caros a causa de los materiales de alta calidad y de los costes de producción. Entonces estos artículos sólo podrán ser comprados por consumidores acomodados pues por una población restringuida. Es posible que no tengan bastante clientes interesados tanto más cuanto que son productos todavía desconocidos y muchas veces los compradores no confían en lo nuevo.

Para concluir la idea de Illusyon y de las empresas que trabajan sobre productos ecológicos es muy interesante y de momento funciona pero no podemos saber hasta cuando. Podemos preguntarnos si podrá hacer frente a la competencia de países como China o India que tienen dinero y una mano de obra barata.

Chuleta gramatical

Decidir : jamais de préposition es espagnol

Apostar por : parier sur / miser sur

Darse cuenta de que : se rendre compte que

Lograr (pas de préposition) : parvenir à

Por consiguiente : par conséquent

Hay que + Verbe à l'infinitif : il faut (obligation impersonnelle)

Desdeñable : négligeable

Despegar : décoller

Caberecordar : il faut rappeler

Es necesario que + subjonctif présent

Fracasar : échouer

Es posible que + subjonctif présent

Tantomáscuanto que : d'autant plus que

Confiar en algo : faire confiance à quelque chose

La competencia : la concurrence

DOCUMENTO N°2

1 VOCABULARIO

développement durable	un atelier	les vêtements
incroyable	le coton	une couturière
un changement	un tissu	la saison
derrière	jeter	la concurrence
cacher		

2 COMPRENSIÓN

a. La slow fashion est une mode qui garantit des salaires dignes, qui respectent les critères environnementaux, qui garantissent que le tissu est de qualité.

b. El taller Occhiena es un taller ético que fabrica ropa respetuosa del medio ambiente y que no explota a la gente pues practica la slowfashion.

3 EXPRESIÓN

Personalmente no suelo lucir ropa responsable. La verdad es que cuando compro ropa, no pienso en mirar cuál es su provenencia, cuántos litros de agua se necesitaron para fabricarla, si la gente está explotada. Por ser estudiante, no tengo mucho dinero y lo que más me importa es el precio del artículo, si está de moda y de buena calidad. Sé que debería tener más cuidado con la ropa que compro pero de momento no tengo este hábito. El texto "moda sostenible contra consumo rápido" me dio ganas de reflexionar más antes de comprar cualquier producto.

A pesar de todo, cuando compro frutas y legumbres, suelo privilegiar productos franceses en vez de productos extranjeros pues es posible que tarde o temprano haga lo mismo con la ropa.

DOCUMENTO N°3 : ENTRAÎNEMENT ORAL - VIDÉO

Script.

Aproximadamente 4,5 millones de niños morirán en el mundo como consecuencia del cambio climático si no se hace nada para frenarlo según ha afirmado la ONG Oxfam Internacional. La organización ha lanzado este mensaje con motivo de la Asemblea General de las Naciones Unidas en Nueva York. 120 naciones debaten entre otros aspectos cómo reducir las emisiones de gases de Efecto Invernadero. Estas conversaciones anticipan lo que se pactará en la Cumbre Internacional del clima que se celebrará dentro de 3 meses en Copenhague.

Ahora es el momento de actuar. Esperar es más costoso y menos eficaz a largo plazo. Por este motivo pensamos que es necesario que lleguemos a un acuerdo internacional en Copenague. En primer lugar las naciones deben comprometerse a reducir las emisiones de gases a efecto invernadero para evitar que aumente en 2 grados la temperatura global. Las naciones que más emiten CO2 son China, la Unión Europea y Estados Unidos. Las emisiones menores se registraron en India, Africa y América Latina. Los países ricos deben impulsar planes a nivel nacional e internacional para reducir las emisiones. Deben desarrollar las energías limpias o medidas para reducir las emisiones del híbrido carbónico. También deben financiar a los países más pobres que tienen menos capacidad para afrontarlo y menos responsabilidad en el origen del cambio climático.

Oxfam internacional destaca que la ayuda económica a los países en vías de desarrollo debe ir acompañada de un fondo para combatir los efectos provocados por el cambio climático. De tal forma que ambas se complementen. La organización calcula que necesita un fondo de unos 150 millones de dólares. En los países pobres no podemos elegir entre colegios, hospitales, escuelas y agua o la protección de estos países contra los efectos del cambio climático como las inundaciones o la sequía.

El despegue económico de los países en vías de desarrollo no será posible si no se frena el cambio climático, algo que está en manos de los países más desarrollados. Un mensaje del papá Benedicto XVI – el llamado Papá ecológico hizo un llamamiento para evitar que los países más pobres terminen pagando las consecuencias del cambio climático.

Conclusión

A modo de conclusión, vemos a través de este documento que las desigualdades entre los países ricos y pobres (o en vía de desarrollo) están lejos de estar resueltas. El futuro del planeta depende totalmente de los países desarrollados y es la razón por la cual desde hace muchos años los estados se reúnen para intentar encontrar soluciones o por lo menos reducir las emisiones de Co2 y por consiguiente reducir el efecto invernadero. En este documento se trata de la Cumbre de Copenhague pero antes hubo el protocolo de Kioto en 1997 con propósitos casi similares y más recientemente la COP21.

Uno de los medios para dejar de contaminar o contaminar menos el medioambiente consistiría en seguir desarrollando productos respetuosos del medioambiente como por ejemplo los coches eléctricos, los paneles fotovoltáicos, la energía eólica. Pero todo esto es muy costoso hoy en día y empieza a ser utilizado pero de forma algo ralentizada.

DOCUMENTO N°4

1 COMPRENSIÓN

a. El tema del documento es la introducción de la vinoterapia en algunos hoteles de la red Paradores de Turismo y de sus ventajas.

b. Paradores de Turismo a lancé une nouvelle ligne de produits cosmétiques distribués dans des hôtels 4- 5 étoiles afin de les proposer en cadeau de bienvenue aux clients. Ces produits cosmétiques sont élaborés suivant les techniques de la vinothérapie. Cette dernière conjugue les thérapies alternatives et les bénéfices thérapeutiques du vin.

c. Las ventajas de esta nueva línea de cosméticos es que son ecológicos (ecolabel), modernos y naturales y son pues cuidadosos para la piel. Además los envases son también reciclables.

2 EXPRESIÓN

Creo que la nueva línea de cosméticos tiene porvenir ya que responde a criterios que les gustan a muchos clientes a saber: la modernidad, lo ecológico y lo natural.

Hoy en día, se busca cada vez más productos ecológicos y naturales y gracias a las técnicas de la vinoterapia, se propone un producto respetuoso del medio ambiente así como benéfico para la salud gracias a los polofenoles. Los consumidores están hartos de los productos industriales y poco originales pues estos « amenities » caen muy bien.

3 EJERCICIOS

a. Le temps employé dans ces deux phrases est le passé composé : « ha estrenado » et « ha sidoconseguido ». Le passé simple se forme avec l'auxiliaire Haber (conjugué au présent) et le participe passé du verbe (forme en ADO pour les verbes en AR et forme en IDO pour les verbes en ER et IR).

b. Han sido – han contribuido – ha demostrado

CHAPITRE 8

DOCUMENTO N°1

1 COMPRENSIÓN

Un sagaz visionario, article de presse publié dans ***Actualidad Económica*** en 2008, nous explique comment Eric Bernat, entrepreneur catalan, a réussi à faire des Chupa Chups une affaire très rentable.

L'idée lui est venue en 1958 de la vente artisanale de confiseries en bâtonnets fabriquées dans une ferme où il travaillait malgré le scepticisme de ses chefs. Bernat se mit à son compte pour commercialiser des sucettes assez chères pour l'époque prouvant leur excellente qualité, en Espagne puis à l'étranger. Son entreprise très fructueuse sera la deuxième marque de sucreries sur le marché. La mise en place de la vente directe et l'idée de faire connaître la marque par le biais de personnalités y sont pour beaucoup. Une fois un chiffre d'affaires de 4900 millions atteint, Bernat a laissé son entreprise à ses fils qui l'ont diversifiée pour ensuite la revendre en 2006 à Perfetti. (148 palabras).

2 EXPRESIÓN

Hoy en día, sabemos que la publicidad es el mejor medio de comunicación para ser conocido. Por eso, es muy frecuente que las empresas recurran a famosos para aumentar la eficacia de una campaña.

A mi parecer es una excelente estrategia comercial puesto que la gente se acuerda mejor de la publicidad y enseguida asocia el producto a la celebridad. Es el caso de Nespresso que hizo varias publicidades con Georges Clooney. Da al producto un valor de lujo, de excelente calidad puestos en evidencia gracias al papel que desempeña Georges Clooney en estas publicidades. El consumidor se dice que si lo consume significa que es un buen producto.

Por otra parte no es raro que la población se identifique con su ídolo y tenga ganas de parecerse a éste sin necesitar realmente el producto. Muchas veces el consumidor va a comprar un producto, generalmente caro, simplemente porque hay una celebridad que lo representa. Por ejemplo en las publicidades de l'Oreal, vemos a Eva Longoria o a Penelope Cruz que son mujeres muy guapas a las cuales, a muchas mujeres, les gustaría ser como ellas.

Recurrir a los mismos famosos no es anodino ya que la gente se acostumbra y así las empresas, como por ejemplo Alain Afflelou con Johnny Hallyday, siguen siendo muy conocidas.

Para concluir podemos decir que estos ejemplos nos muestran que gracias a estos modelos, actores, cantores... estas marcas son conocidas mundialmente, permitiéndoles aumentar considerablemente su facturación lo que no es desdeñable en tiempos de crisis. A pesar de todo, hay que elegir correctamente a la famosa ya que si tiene mala fama puede ser perjudicial para la imagen de la marca.

(276 palabras)

DOCUMENTO N°2 : ENTRAÎNEMENT ORAL - VIDÉO

Yo he sido una niña que de pequeña no jugaba nunca. Siempre estaba pintando, recortando, haciendo cosas manuales. Mi vocación era una vocación hacia algo creativo. Si a eso, le unes la tradición familiar y un conocimiento de un sector que tienes de forma intuitiva porque lo has visto desde que has nacido... Cuando yo tenía un año, mi padre me llevaba y, en la cuna, me ponía entre mi abuelo y mi abuela, que estaban trabajando en el taller.

En realidad, la idea de Sara Navarro, no fue una idea mía. Yo en aquella época era bastante joven, estaba estudiando en la universidad, y no tenía 100% definida una vocación de « quiero ser diseñadora ». Esa fue, más bien, idea de mi padre que, como buen empresario, muy listo, pues tenía una perspectiva de futuro muy amplia. Y le pareció que podía ser realmente una proyección y una continuidad de la empresa familiar y tener una marca que fuera mi nombre, donde yo me implicara como diseñadora.

Cuando yo estaba, apenas, terminando la carrera.... estaba en cuarto de carrera, le comenté a mi padre : « me gustaría, cuando terminara la carrera es decir, dentro de un año, marcharme a Italia a hacer un curso de diseño.... Pues más especializado en el sector del calzado y de complementos ». Pero mi padre que tenía mucha prisa, me dijo : « Bueno, ¿y por qué no te vas ya ? ». Cuando yo estaba haciendo el curso en Italia, que apenas acababa de cumplir veintiún años, había que realizar una mini colección de treinta modelos donde el diseñador lo hacía todo : desde buscar la idea, buscar los materiales, hacer todo el patronaje, cortar el patronaje, coser con la máquina... es decir, todo el proceso.

Todos esos modelos, yo se los iba mandando... los iba mandando a la empresa... pues a mi padre : « Mira, he hecho esto, he hecho este diseño ». Y, sin que yo lo supiera, él los iba realizando. De manera que, cuando yo volví, que tenía veintiún años, e iba a empezar mi último año de carrera, esos modelos estaban desarrollados, todos, en una mesa. Y, eso, fue la primera colección de Sara Navarro.

Si yo ahora mismo tuviera que volver a empezar, con lo que sé, no sé si podría hacerlo. Sabiendo lo que sé y sabiendo por lo que hay que pasar... Hay momentos de mucha angustía porque realmente no sabes si lo estás haciendo bien... se generan muchas inseguridades... Hay que tener una pizca de locura, una pizca de capacidad de asumir riesgos. Mi propio padre, que es un gran empresario y un gran emprendedor, yo creo que, si no hubiera tenido ese punto de locura y de creer en esos sueños, tampoco habría llegado donde llegó. Hay que creerse esos... esos sueños y pensar que puedes conseguirlo.

DOCUMENTO N°3

1 VOCABULARIO

la panadería	encantar	añadiendo
trasladar	calentito	encargarse de
una vivienda	un proveedor	el franquiciado
diario	cercanos a	

2 COMPRENSIÓN

a. Este documento es un artículo de prensa que fue escrito el 08 de enero de 2012 y fue sacado del periódico español ***El País***. Este texto cuyo título es « el pan llega al buzón de casa » trata de la empresa Mundopán.

b. En cuanto a la creación de la empresa, aprendemos en el texto que Mundopán fue creada por dos amigos que finalemente no tenían formación en la creación de este tipo de empresa. En efecto uno era « informático » mientras que el otro era « diseñador logístico». Al fin y al cabo, no se predestinaban a la creación de una empresa de este tipo.

La idea de Roberto y Luis Amores consiste en proponer una « barra de pan » siempre caliente metiéndola en un buzón térmico, directamente a casa de las personas que lo piden para evitarles desplazarse. Además proponen la barra de pan al mismo precio que si se comprara en una panadería.

Esta idea les surgió porque a ellos siempre « les ha encantado el pan » y sobre todo porque vieron que en algunas zonas de España como por ejemplo en Rivas – Vaciamadrid se necesitaba el coche para ir a buscar pan, entonces para ellos era necesario crear un concepto innovador, práctico.

c. Tuvieron que hacer diferentes etapas para expandir la empresa a nivel nacional. Primero tuvieron que hacer un estudio de mercado (es una etapa primordial para que pueda funcionar un negocio cualquiera), encontrar « proveedores », « desarrollar un sistema informático de gestión ». Es decir que antes de desarrollar su empresa es necesario informarse, ver si el proyecto es posible... Además « tuvieron que aprenderlo todo sobre calidad de servicio y atención personalizada ». En efecto hoy en día, para que un cliente esté satisfecho y quede fiel, hay que ser muy atento, muy profesional, y hay que saber responder a sus necesidades.

d. Entregan « manuales » en los cuales el franquiciado encontrará cómo crear su empresa, cómo « poner en marcha su franquicia ».

e. El franquiciado debe ser una persona activa, « con disposición al aprendizaje y con dotes comerciales ». Ser activo es, a mi parecer primordial ya que va a necesitar trabajar muchas horas cada día y tiene que ser reactivo ante cualquier problema. También es imprescindible que sea capaz de aprender y que también conozca el área comercial o que por lo menos tenga aptitudes al comercio.

3 EXPRESIÓN

a. Creo que este documento ilustra bastante bien el texto porque estos dos amigos que tenían una idea que nada tenía que ver con sus estudios o con su formación la montaron, haciendo todo lo necesario para que fue funcione. Es decir que realizaron su sueño que finalmente es un verdadero éxito. No han esperado y se han lanzado, no se han quedado dormidos sino más bien todo lo contrario.

b. Si yo tuviera que integrar algún día una red de franquicias creo que lo haría en el sector de la moda. A mi parecer las franquicias como Zara, desigual, Levi's… tienen mucho porvenir ya que son reconocidas a nivel mundial. La moda siempre seguirá existiendo y siempre habrá que responder a los gustos de los clientes. Pues este trabajo puede ser muy variado ya que a cada temporada se van a proponer nuevos vestidos. También lo que me interesaría en estas franquicias es el contacto con los clientes que siempre necesitan consejos o ayudas. Sería probablemente una buena inversión para mí lo de elegir una franquicia en la moda dado que sé que tengo bazas para que haga bien este trabajo. Estaría plenamente satisfecha al ser emprendedora de una franquicia en la moda.

CHAPITRE 10

DOCUMENTO N°1

1 COMPRENSIÓN

a. Nueva ley de Derecho Civil.

b.

« menos mal que puedo desheredar a mis hijos »

« sólo 24 horas … testamentos »

« Incluso los meses … reservar dudas »

« Sí han sido muchos »

« las consultas han sido el doble que antes de entrar en vigor la ley »

c. La legítima es la parte de la herencia de la cual no se puede disponer libremente tras nuestra muerte, sino que hay que repartirla entre los herederos forzosos. Es decir, el legislador ha determinado que como mínimo se ha de dejar algo a ciertos herederos, a esto que ha de ser repartido se le conoce como legítima.

(http://chrono.geofp.com - Équivalent en français à la Réserve héréditaire)

d. 2 tercios

2 EXPRESIÓN

a. Esta nueva ley consiste en apartar su o sus hijos de su herencia y eso sin justificación. Entonces se puede desheredar sin ningún motivo a sus propios hijos.

b. Existen diferentes razones a desheredar a sus hijos :

- los padres no tienen contactos con ellos desde hace mucho tiempo
- por un malentendido / desacuerdo
- por drogadicción, alcoholismo, por cuestiones religiosas, cambio de sexo…

3 TRADUCCIÓN

a. Heureusement que je peux déshériter mes enfants

b. La nouvelle loi réduit cette réserve héréditaire à seulement ⅓ et y ajoute une nouveauté. On peut écarter de cette répartition un ou plusieurs descendants (fils ou petits fils) sans avoir à donner une explication. Ainsi, un ou plusieurs enfants n'auront pas d'héritage.

c. Ce n'est pas nécessaire, de la part des parents, d'exprimer une quelconque raison, mais il faut simplement les écarter ou ne pas les citer dans le testament.

DOCUMENTO N°2

1 VOCABULARIO

Entramado	----------------------->	Enchevêtré
Abogado	----------------------->	Avocat
Cláusula	----------------------->	Clause
Comprobar	----------------------->	Vérifier
Piso	----------------------->	Appartement
Firmar	----------------------->	Signer
Fantasma	----------------------->	Fantôme
Desahuciar	----------------------->	Expulser
Estafa	----------------------->	Escroquerie
Testaferro	----------------------->	Prête-nom
Mossos de esquadra	----------------------->	Force de police de Catalogne
Detener	----------------------->	Arrêter

2 EXPRESIÓN

Este documento titulado ***Detenido un notario y un abogado por estafar a más de 150 ancianos*** fue sacado del sitio web la Vanguardia.com el 9 de julio de 2015. En cuanto al tema de este artículo de prensa, puedo decir que se trata de la detención de un abogado y un notario por haber estafado a 50 ancianos.

Al principio del documento se nos explica que fueron los Mossosd'Esquadra quienes intervinieron en la detención del abogado llamado Francisco C y del notario Enrique P. Las razones de su detención son las siguientes : hicieron firmar a ancianos « préstamos hipotecarios » así como « créditos con cláusulas abusivas ». A raíz de eso, una veintena de ellos se quedaron sin casa puesto que fueron « desahuciados ». A causa de esta estafa, estas personas se encontraron en una situación complicada y dramática. Entonces lo que cometieron el abogado y el notario es muy grave.

A continuación comprendemos que fueron algunos ancianos quienes les denunciaron tras haberse dado cuenta de la estafa. En realidad, detrás de esta estafa se esconden dos principales personas, Francisco P Y Enrique P pero ambos trabajaban con otras personas a saber « un supuesto falsificador de documentos, varios testaferros, otro notario, 2 abogados y 2 oficiales ». Es de pensar que habían puesto en marcha un plan maquiavélico y bien pensado.

Gracias a esta denuncia los Mossosd'Esquadra intervinieron en diferentes empresas (más de 150) y algunas de ellas eran falsas.

Desgraciadamente no podemos confiar en nadie (que sea un abogado, un notario, un banquero…). No es raro que se quiera estafar a ancianos y aprovechar su vulnerabilidad y su total confianza. Siempre hay que tener cuidado a pesar de conocer a la gente, y es importante leer todos los documentos que firmamos y cuando no se entiende una cláusula es mejor aclararlo. Este caso no es raro y son estafas que pueden tener consecuencias muy graves.

NOS FORMATIONS EXISTENT AUSSI À DISTANCE !

Nous avons **bien plus que des cours en école...**

Livres de cours et d'exercices

Pour avoir toutes les connaissances de chaque matière.

Devoirs avec correction individualisée

Un professeur vous est personnellement attribué attribué pour chaque matière. Correction de vos devoirs, accompagnement et conseils : en apprenant à vous connaître, il s'adaptera à vos besoins.

Cours vidéo & audio

Egayez vos révisions et retrouvez régulièrement vos professeurs en vidéo ou en audio.

Simulations orales

Rien de tel pour préparer vos oraux ! Vous vous enregistrez, votre professeur vous répond.

Carte d'étudiant

Elle vous attend et vous donne accès à de nombreux avantages : cinéma, transports, musées, etc.

Professeur référent

Un professeur vous suit tout au long de votre parcours. Il vous téléphone régulièrement, vous apporde aide et conseils pour vos recherches de stage, la rédaction de votre mémoire et l'organisation de vos études.

Épreuves d'examen blanc / BTS blanc

Soyez rompu(e) aux exercices pour avoir l'examen haut la main.

Planning hebdomadaire

Chaque semaine, nous vous proposons les chapitres à étudier et les devoirs à retourner. Vos formateurs vous apportent des conseils d'organisation et de méthodologie pour être plus efficace, régulier(e) dans votre progression.

Forum

À distance, mais pas seul(e) ! Un forum dédié à votre classe est créé pour vous permettre de poser des questions à vos professuers et/ou d'échanger avec les étudiant(e)s de votre filière. Comme les couloirs d'une école.

Toujours accomp... jamais encombre...

Nous avons développé **de nombreuses marques** pour satisfaire toutes vos envies...

adonis SupDiet Rose Carmin ADONIS ÉDUCATION labor omnia vincit IESCA ÉTUDIS SECRÉTAIRE MÉDICALE

- > **Santé, social & paramédical**
- > **Esthétique & cosmétique**
- > **Commerce, immobilier & gestion**
- > **CRPE**
- > **Secrétaire médicale**
- > **SupDiet**

Isabelle Delhommeau est diplômée d'une maîtrise [illegible] espagnol. Elle enseigne depuis 2002 et s'est spécialisée en [illegible] depuis 2008.

Le présent ouvrage conforme aux épreuves espagnol LV1 et répondant aux exigences du CECRL, est un accompagnement indispensable pour vous préparer au mieux. Riche en méthodologies et conseils, il vous permettra d'acquérir une méthode de travail adaptée aux épreuves.
9 thèmes indispensables y sont abordés à travers divers supports tels que des articles de presse, des documents iconographiques et des vidéos. Chaque chapitre comporte une série de questions et les corrections attenantes. Vous trouverez également un mémento reprenant les bases de la conjugaison et de la grammaire espagnole, ainsi que des fiches de vocabulaire. Enfin, des sujets d'annales de BTS vous seront proposés avec leurs corrigés, pour vous permettre de vous entraîner au mieux et d'optimiser vos chances de réussite.
Bonne lecture et surtout bon apprentissage !

ESPAGNOL

BTS TERTIAIRE • LV2

25€
ISBN 978-2-37-054299-1
9 782370 542991

ADONIS ÉDUCATION
labor omnia vincit